"十二五"国家重点图书出版规划项目

礼制、述行经济和中国式管理

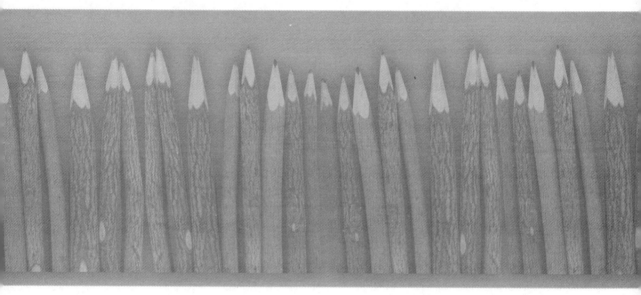

RITUALS, PERFORMATIVITY OF ECONOMICS AND CHINESE MANAGEMENT

郭 曼 著

哈尔滨工业大学出版社
HARBIN INSTITUTE OF TECHNOLOGY PRESS

内容提要

本书认为礼制在中国传统文化中起到稳定阶级层次的重要作用,并且作为一套标准化的行为模式和与制度相关的现代经济概念相连。本书通过桥接述行经济理论和本土化研究,建立了一个概念性和分析性的框架,来理解一个统一的从历史到现代的关于礼制嵌入式的企业行为和经济制度变迁的研究方法;提出了一个多元化的方法研究礼制和企业行为,即从主位与客位的角度并采取定性和定量相结合的方法去研究其实质,强调认知分析与管理学的结合。

本书可为经济、管理领域的读者提供理论和实践上的广泛借鉴,也可作为高等学校经济、管理学等专业学生的参考教材。

图书在版编目(CIP)数据

礼制、述行经济和中国式管理/郭曼著. —哈尔滨:哈尔滨工业大学出版社,2016.1
ISBN 978-7-5603-5720-1

Ⅰ.①礼⋯ Ⅱ.①郭⋯ Ⅲ.①企业行为-研究-中国 Ⅳ.①F279.2

中国版本图书馆 CIP 数据核字(2015)第 274570 号

策划编辑	王桂芝
责任编辑	李广鑫
出版发行	哈尔滨工业大学出版社
社　　址	哈尔滨市南岗区复华四道街10号　邮编150006
传　　真	0451-86414749
网　　址	http://hitpress.hit.edu.cn
印　　刷	黑龙江省地质测绘印制中心印刷厂
开　　本	787mm×1092mm　1/16　印张8.5　字数182千字
版　　次	2016年1月第1版　2016年1月第1次印刷
书　　号	ISBN 978-7-5603-5720-1
定　　价	32.00元

(如因印装质量问题影响阅读,我社负责调换)

前　　言

随着中国经济的崛起,很多观察家们试图探寻如下问题:中国的发展是否伴随着某种有中国特性的特殊管理模式的出现,这种模式是否被中国的商业文化所支撑。

本书根据礼制对中国企业的行为影响研究提供了理论和实践上的广泛借鉴。礼制的结构允许个人、企业、企业群体通过不同的背景变化,转换不同的角色,共享相同的身份,维持相互的等级,加强和政府的联系,编制关系网络,整合特殊的文化元素,而且更重要的是让企业和政府共同促进社会的变化和稳定。本书通过桥接述行经济理论和本土化研究,建立了一个概念性和分析性的框架,来理解一个统一的从历史到现代的关于礼制嵌入式的企业行为和经济制度变迁的研究方法。

本书认为礼制在中国传统文化中起到稳定阶级层次的重要作用,并且作为一套标准化的行为模式和与制度相关的现代经济概念相连。本书提出一个多元化的方法研究礼制和企业行为,即从主位与客位的角度并采取定性和定量相结合的方法去研究其实质,强调认知分析与管理学的结合。首先,本书定义企业为一个自我维持礼制的系统并形成一个连贯性的整体布局,这取决于企业成员的认知根源和理性选择。本书还重点研究了制度安排的多样性是由在企业战略互补性下存在的多种动态平衡点建构的。本书第2章提出述行理论,并借助它作为一个说明性的框架,在整个研究过程中,在政治和文化的整体制度性安排下设立一个在当代具有重要实践意义的理论模型(第3,4章)。最后,本书认为,中国企业应链接礼制方面的知识管理并加以结合和实施。运用知识管理的理论,探讨如何将这些制度、认知和知识系统地应用到改变行为人的方式以及行为聚敛下的制度。

针对管理学的未来发展,知识管理似乎是和中国企业的实践和理论相结合的最有用的工具。知识管理侧重于植根于文化和政治背景下企业礼制化的行为规范。通过这样的一个研究框架,希望本书能为理解中国企业性质提供一个谦卑的研究视角。

限于作者水平,书中难免存在疏漏及不妥之处,敬请读者批评指正。

郭　曼

2015年10月

目 录

第1章 理论、实践和应用 1
  1.1 资本主义模式和管理制度的多样性 1
  1.2 中国特色社会主义市场经济下的企业管理 9
  1.3 中国企业 14
  1.4 组织的礼制 19
  1.5 对中国企业管理的新理解 21
  1.6 本土研究 22

第2章 制度、企业和述行（一个企业行为的研究框架） 26
  2.1 述行理论简介 26
  2.2 制度述行 28
  2.3 企业述行 33
  2.4 企业行为：制度述行和组织述行 39

第3章 文化背景下的中国企业 43
  3.1 经济学中的文化问题 43
  3.2 文化、认知和制度 45
  3.3 当代中国的文化案例 48
  3.4 文化述行的两个案例 52
  3.5 结论 55
  附录3.1 企业的CSR行为 58
  附录3.2 企业文化调研 68

第4章 中国企业的政治博弈 73
  4.1 政治、法律和企业 73
  4.2 惯例和国有企业 74

    4.3　礼制和私人企业 …………………………………………… 78

    4.4　结论 ………………………………………………………… 81

    附录 …………………………………………………………………… 84

第5章　基于知识理论的企业 ……………………………………… 91

    5.1　认知、礼制和知识 …………………………………………… 92

    5.2　知识管理 …………………………………………………… 94

    5.3　中国企业的知识创立 ……………………………………… 96

    5.4　结论 ………………………………………………………… 98

第6章　结论 ………………………………………………………… 101

    6.1　老问题的老答案 …………………………………………… 102

    6.2　老问题的新答案：礼制和制度 …………………………… 103

    6.3　前瞻 ………………………………………………………… 104

参考文献 ……………………………………………………………… 106

名词索引 ……………………………………………………………… 127

第1章 理论、实践和应用

1.1 资本主义模式和管理制度的多样性

2007年的金融危机给管理者、银行家、律师、政治家、监管者和经济学家,以及他们的批评者们带来了长时间的讨论,但这次危机似乎是他们所有人一起导致的。看起来他们没有一起为大众建立起可持续发展的生活环境而努力,因为事实上更像是利益相关者们为了自己真实的利益目的去故意忘记人们真正的所想所需。而企业就是在这种思维模式下,被组织和治理成实现股东利益最大化的工具。这种思维并没有考虑到跨学科、跨国家的差别和个体的多样性。这些论点引导我们面对一个更有趣和更本质的本体论问题:企业究竟是什么,企业该如何运作。因为企业是一种特殊设计的制度(North,1990),他们的自然性、起源和与经济的相关性对研究者来说变得非常重要。

在金融危机到来的时候,中国企业却在经历着高速增长。可是在发展之后,我们在建设社会主义市场经济过程中也正在遇到社会发展与社会稳定、自由与秩序、改革与公平之间的各种矛盾。一方面经济发展的成果并没有惠及全社会,社会贫富两极分化,失业人口剧增,社会矛盾激化;另一方面我们所付出的社会和环境代价巨大,追求公司和股东利益最大化和短期效益似乎已经成为中国企业追求的唯一目标。而中国特色嵌入的企业管理模式似乎与很多西方和亚洲企业有着根本上的差异。首先,文化是决定中国企业行为的重要因素之一;另外,私营企业和国有企业在治理上千差万别,并都对中国经济起着重要的作用。因此,在研究文化和政治因素对中国企业行为影响的背景下,本书探讨礼制对中国企业的作用。礼制不仅从文化方面影响个人,也维持和巩固社会结构与制度,并且将个人融入组织中(Belasco & Alutto,1969)。这种观点为学者提供了从人性和社会两个角度研究企业行为的理论工具。本书提出一个在中国制度变迁背景下理解和研究企业性质的分析暨概念性框架,然后本书分析企业礼制的结构和功能,探索那些象征性的行为如何被用于不同公司的战略博弈,并探讨其结果对涉及企业中个人信仰和价值观的作用,以及其在制度变迁过程中企业行为的具体情况。最后,本书试图评估企业知识管理对未来研究方向的影响。

以下内容将先讨论世界经济理论的起源和发展,以及给当今世界管理制度带来的麻烦。

1.1.1 当今管理世界中的经济学问题

在《资本主义的多样性》(*Variety of Capitalism*,Peter A. Hall & David Soskice,2001)

的一书中,自由市场经济和协调市场经济被看成两种主要的资本主义经济模式。该框架提供了一系列重要问题:有些是与经济问题关联的——好的经济表现是否就代表好的经济模式;有些是与制度问题关联的——哪种制度能更好地为经济服务,政府应该如何支持制度;有些是与企业问题相关的——不同国家的公司治理制度是否一样,如果是,那么是什么支持着这种不同?

要回答这些问题,我们需要回到历史。在现代经济学中关于制度和市场分析的一个重大突破来源于16~18世纪重商主义主导西方经济思想的250年中。它的目的是通过鼓励出口和减少进口来为国家建立一个健康而富有的经济系统。这样一个系统的最终目标是保持平衡的贸易和国家的权威力量。与19世纪和20世纪初的重农学派或放任农业系统相比,重商主义经济制度促进企业(如英国东印度公司)的发展,并鼓励国家的控制权。

对此,亚当·斯密(Adam Smith)提出了反对衡量一个国家的财富是由黄金和白银的金额来计量的想法。他的个人著作《国富论》,被认为是现代经济学理论的基石——亚当·斯密编写了许多关于批评重商主义学说的重要理论。首先,他认为自由地开展贸易应该有利于贸易双方的发展。他还认为,专业化生产导致了规模经济,这能帮助员工做更具体的任务;同时专业化生产也促进了科技、交通的发展,使市场更有效率。最重要的是,斯密认为,政府和市场之间的相互作用对公众不利。由于重商主义的制度结构安排旨在帮助政府和商人阶级,放任农业,旨在鼓励所有人的共同福利,对此斯密认为,自由市场中个人在追求自我利益的同时,使社会所有人的利益都达到最大。斯密指出,个体在自由市场中对自我利益的追逐将有助于保持货品低价格,并造福于整个社会;同时这种对利益的追逐也提供了种类繁多的商品和对服务的激励机制。这种制度的概念是由罗纳德科斯(Ronald Coase)继承并随后演变为新制度经济学。

根据亚当·斯密提出的想法,大卫·李嘉图(David Ricardo)发展了比较优势理论,指出国家应完全专注于生产。一个紧随李嘉图的古典经济学的方向是马克思主义。马克思指出,社会表达的是个体间相互关系的结果而不是机械地将他们组织在一起。马克思主义的分析旨在补充其他的经济理论:它涉及资本主义的危机、剩余价值、制度的起源和进化、阶级的发展、经济政治斗争等。

通过对亚当·斯密和大卫·李嘉图的比较,在英国和美国,新古典经济学主张完全专注于开放的市场,并且特别规定,国家必须首先对自己的金融服务行业开放。美国的凯恩斯(John Maynard Keynes)主义经济学和新自由主义经济学(哈耶克(Friedrich August Hayek)引领的奥地利经济学派)占领了20世纪经济学发展中争夺的主要领域。哈耶克指出,市场是自发的,市场不是由任何人设计的,但逐渐地演变为人类博弈行为(game)的结果。新自由主义通过鼓励自由贸易和开放市场实现国有资产私有化,在增加承包服务和减少国家作用的同时增加私有经济成分对现代社会作用的支持。凯恩斯主义经济学则认为混合经济主要关注私有化份额以及在萧条期间政府的干预作用。

并不是所有的经济学家都跟随亚当·斯密的"经典"自由市场经济学(如"看不见的手")的脚步。格奥尔格·弗里德里希·李斯特(Georg Friedrich List)有句名言:经济政策必须适应特定的国家("有形之手")的某些范围内的需求。他坚持,直到在德国获得一定程度的工业增长幅度之前,自由贸易在德国是不切实际的。李斯特声称,亚当·斯密的经济体制不是一个工业系统,而是关注一个重商主义的"交换价值体系"。与斯密相比,李斯特表明,个人对主要私人利益的追求并不会导致一个健康的社会。国家还应该考虑个人的人性:包括对其历史、文化、价值观、习俗、观念和语言的关注。这些因素的统一,才是获取幸福、完成社会文明进步的必要前提。李斯特认为,私人的经济利益和其他所有人一样,必须首先服从于民族利益。在倡导新兴产业受国家保护的立场上,李斯特的理论保持了经济性和民族性的统一,并帮助德国逐渐追赶上了其他西方发达国家。

到了19世纪,西方主流经济学已经形成协调资本主义和自由市场资本主义两大流派。与自由市场资本主义相反,李斯特的国民经济引导了德国和日本的国家经济政策。在19世纪和20世纪,这些国家的工业化进程得以加速。李斯特认为,国家应把重点放在资本管制的金融市场和市场保护政策的实施上。在此基础上,德国历史学派允许市场理论在德国的"侵蚀",但是市场的这种存在必须通过国家立法的监督和司法权的建立。在过去的半个世纪中,在"社会"市场经济名义下,自由市场理论的侵蚀带来了一个新名词:"新社会市场经济""Neue Soziale Marktwirtschaft"(Vanberg,2004)(经济学发展历程如图1.1所示)。

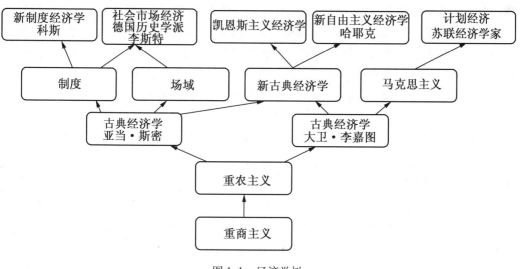

图1.1　经济学树

从16到18世纪,重商主义主宰了西方经济思想250年。这样一个经济系统的最终目标是保持平衡的贸易和国家的权威力量。与19世纪和20世纪初农业系统下的重农学派或自由放任政策相比,重商主义经济制度促进企业(如英国东印度公司)的发展,并鼓励国家的控制权。

对此,亚当·斯密整理了一些对重商主义学说的重要批评。他反驳了其中一个国家的财富是由黄金和白银的金额计量的说法。市场下的制度概念是由罗纳德·科斯继承并发展为新制度经济学。但格奥尔格·弗里德里希·李斯特(1789—1846)有句名言:经济政策必须适应特定的国家("有形之手")范围内的需求,并反对自由市场资本主义。李斯特的国民经济理论引导了德国和日本崛起的国家经济政策。在此基础上,德国历史学派倡导国家与市场的互动,并逐步形成新社会市场经济体系。

根据亚当·斯密提出的想法,大卫·李嘉图发展了比较优势理论,指出各国应完全专注于生产。其中跟随李嘉图的古典经济学理论的是马克思主义。马克思指出,社会表达个人间相互关系的结果而不是简单地将个人组织在一起。

通过结合亚当·斯密和大卫·李嘉图的理论,在英国和美国,新古典经济学的主张完全专注于开放的市场,并且特别规定,国家必须先开放自己的金融服务行业。以美国的凯恩斯主义经济学和新自由主义(哈耶克,奥地利经济学派)成为20世纪主导的经济理论。哈耶克指出,市场是自发的,市场不是由任何人设计的,但慢慢地演变为人类活动的结果。凯恩斯主义经济学认为混合经济主要集中于私有部分的发展和萧条期间政府对市场干预的作用。

不管市场作为一种制度是否本能地通过经济活动者的行为产生或如何由国家控制,现在主流的经济学思想建立在一个混合经济理论的假设之上。今天大多数传统的经济理论是在描述其经济个体如何理性地参与经济活动,参与决策过程并追求利益或绩效最大化的假设下建立的(无论是企业,还是非政府组织、国家等)。正是基于此,理性行动理论往往作为主要的经济学框架模式去理解和解释实际发生的社会和经济行为,并且扎根于微观经济学及宏观经济学的分析上。理性选择理论热衷于对数学计量方法的推崇,但对现实世界不感兴趣并随后拒绝解释其在方法论和建构效度上的不足(Colander, 2009)。这个理论在数学上是有效的,但从生态学的观点看,它无视对(理性的)人的行为的研究(图1.2)。由于这些行为的基本概念起源于启蒙或理性时代,本身很难被放弃。需要指出的是这些概念基于哲学性的思考,而理性模型基于自然的规范性,并取决于考量和分析的结果(Barnes,1983)。

20世纪初的那些寻求经济现象的心理学理论基础支持的经济学家实际上为行为经济学的发展铺平了道路(图1.2),如Thorstein Veblen, Wesley Mitchell, John Clark, Irving Fisher, John M. Keynes, Tibor Scitovsky, Herbert Simon, Richard Thaler 等和其他人做出的显著贡献,为主流经济学提供了适当的补充。行为经济学提供了一个集哲学、方法论和历史等众多元素于一体的分析框架。Wanner(1982)认为,行为经济学是"认知科学的应用"。

正如黑格尔指出:

康德说,我们应该像之前承诺的那样,去熟悉认知的工具;因为如果工具是不可靠的,我们所有的努力将是徒劳的。这个建议的合理性已经赢得了普遍赞同和钦佩;关于其他的工具,我们可以尝试和审视它们但不是在其他方面给它们设置专项的工作。但是知识的检查只能通过知识的行为来进行。为了检验这个所谓的工具只能试图去了解它,就像在学会游泳之前不要冒险涉水一样,在我们了解之前去寻求解释才是荒谬的(Hegel,1817,in Hausman,1992,p. 222)。

因此,从猜想到知识,采用理论实证哲学作为理性选择理论的支撑可能没有完全描述所有认知行为。行为经济学、行为金融学及其相关领域研究从社会、认知和情感因素对个人和制度的影响,研究其对市场价格、收益和资源分配所造成的后果,并如何成为决定经济发展的因素。这一重要趋势是由心理学家、语言学家和人类学家对人类心理过程进行研究的结果。它使我们能够把市场经济模式放在不同的背景框架下进行研究。它改变了我们对人类认知的了解,尤其是人类的推理和解决问题方式的研究。行为经济学的新兴研究领域提供了持不同看法的个人和组织的行为如何在一定的环境中发起、组织、交流、表现的过程,而不是通过理性选择的理论中所谓的"万能"模型去了解行为变化。人们可以争辩说,理论结构的形成体现在实践的条件中,这些条件可能包括观念、欲望、信念、价值和构成社会现象的个人认知(Little,1989)。

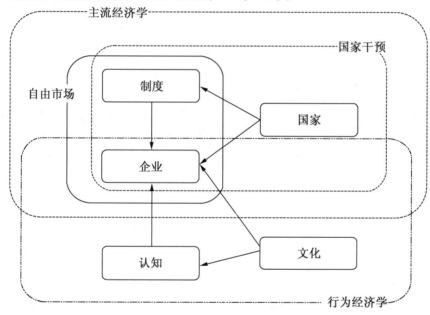

图1.2 经济理论中的企业

主流经济理论认为:首先作为理性的行为者——人类能够始终做出理性选择和决定去最大限度地追求利益,其次市场和制度总是在做自发的自我调节。经济决策者、监管机构、政府所做的选择实际上都在理性选择的可接受范围内进行。

作为经济学的新兴领域,根据所处环境不同,行为经济学提供了一个完全不同的观点去观察人和企业制度是如何运作的。基于文化心理学的理论,这是很合理的,比如基于人们如何看待世界的根本分歧可以预测出人们如何做出财务状况的不同估算、经济决策等根本的分歧,并表现出基于自身文化的各种认知偏差。

认为文化可能会影响经济制度的思想可以追溯到 Weber(1992 [1930])。他认为，基督教的价值观和意识态度对资本主义社会在西方的发展起到了重要的作用。一些追随者也追溯各种不同文化如何体现不同的制度差异(Greif, 1994, 2006; Landes, 1998)。为了定位文化，如 Hofstede(2001)一样，许多研究人员使用各种各样的调查方法去进行研究。然而，如果文化态度是在制度背景下的差异反射，它们就不能被用来解释这些环境中制度本身的差异。在这场辩论中，尤其是在国际商业研究中(Beugelsdijk & Maseland, 2011)，文化中价值观的差异，准则和信仰的区分已经被视为制度的来源，并引起特别的注意。

在《文化经济学》中，Beugelsdijk 和 Maseland(2011)转向文化在经济理论的历史回顾。他们在把文化定义为"制度中社会集体认同的一个子集"后，分析文化如何最初与经济思想结合起来，并逐渐从经济学消失，以及如何重新成为经济理论。在古典经济学统治的整个 19 世纪，文化就一直作为经济理论的内在组成部分。无论是在亚当·斯密、马克思或是德国历史学派的作品中，道德、信仰和习俗自然地被认为是人类经济活动和社会进步的文化组成部分。后来，新古典主义将经济学转化成一个在通用的理论基础上决策个体的理性选择。20 世纪上半叶，文化逐步被经济学淘汰，并且外包性地被放置于诸如社会学、人类学等领域，至此经济学变成了无文化理论的科学，就像 Lionel(1935)对经济学清晰而且著名的定义一样：一个纯粹关于理性选择的理论学科。

为了链接文化和经济，过去几十年学者们已经见证了文化重新被引入经济学的过程。此过程分两个阶段——第一阶段：Becker(1970)的涉及文化应用到理性选择在其他社会学科领域的分析。这也被称为经济帝国主义，指的是经济分析似乎是非经济方面生活的分析，如犯罪、法律、家庭、非理性的行为，涉及政治学、社会学、文化、宗教的经济分析。第二阶段：Barro(2000)将文化融入了外源性偏好方式的分析，并进行了更多广阔的实证研究，例如使用复杂的变量集和应用跨文化比较的方法等。

更明显的是，文化的分析不只是来源于他们充足的描述能力，而是更多地来自于他们的启发和解释力，因此解释文化可以作为科学哲学理论的应用起源。基于 Beugelsdijk 和 Maseland(2011)对文化和目前的经济研究的相关性的评估，本书的建议是专注于"文化"的概念，然后尝试通过引入 Aoki(2011)的制度理论与 Searle(2010)哲学制度的概念，将个人行为和制度的集体意向性联系起来。对认知科学领域的触碰提供了对本质理论的研究和代表性实践的分析。该种做法将人对不同环境的应对和解决问题的能力嵌入当地社区和更广泛的文化背景中。这种文化解释将试图用于解决长期存在的经济问题。本书想要将一个新的研究路线应用于更广的范围内，解释其深厚的起源，以及如何开辟了更根本的方法论问题。在中国，传统社会是通过共同的价值观和共同的礼制相互组织起来的。因此，分析和事实调查应在中国企业管理的背景下进行评估。这种方法将有助于解释本地模式在科学发展中的应用，并链接历史和认知的理解，将主流经济学和行为经济学组合在一起。

1.1.2 理性选择和行为经济学的认知链接

在主流经济学里，制度看似以两种不同的方式出现。有时，制度是外生性的，并被约束在一个等级秩序中,处于经济交易之外;在其他时候,制度也被视为内生的,影响和保持博弈游戏的规则。因此,现代企业制度被指引到两个不同的方向:莱茵模式(德国和北欧的国家)或盎格鲁-撒克逊模式(由美国和英国引领)。与19世纪亚当·斯密的带有私有制性质的小型企业和中等规模的企业之间的自由竞争不同,无论是莱茵模式或是盎格鲁-撒克逊模式,实际上都已经属于"混合经济"的范畴。

Michel Albert(1993)指出了莱茵资本主义的以下特点。规范的市场应该依靠银行的规管,而不是股票交易;国家应与银行密切合作,通过宏观的财政和货币政策支持企业的发展。精心调校的权利平衡也应该在股东、管理者和员工之间存在并维持,增加相互的忠诚和信任度。此外,企业作为一个构件来共同维护和重组知识、专业化技能、技术诀窍等。企业利用这些属性,用于生产新的知识,并进一步运用于企业,最终为社会服务(Schumpeter,1934;Penrose,1959;Nonaka,1991)。

盎格鲁-撒克逊资本主义认为,越开放的经济体就会产生越大的整体繁荣。盎格鲁-撒克逊模式的公司治理具有市场化的风格:股东保持大量的控制。在盎格鲁-撒克逊模式下,股权融资是非常重要的,是实现股东价值最大化的首要目标。在这个模型中,现代化的管理有助于企业组织行为的调整,并节省交易市场中买家和供应商的成本(Coase,1937;Williamson,1975),完善企业活动中内部组织的结构(Doeringer & Piore,1971;Chandler,1977,1990),激励内部组织成员(Hoelmstrom,1979,1982;Milgrom and Roberts,1990)和发展如创业、战略决策、领导力等(Drucker,1985;Roberts,2004)。

在Masahiko Aoki的新书——《企业不断发展的多样性:认知、治理和制度》中,作者批评企业在自由市场理论中的管理模式就是实现利润最大化。公司的组织和治理模式就是最大限度地提高股东利益,并追求未来预期的最大收益。另一方面,强调认知和行为的概念带给企业一个新的层面的分析。首先,Aoki(2010)认为涉及制度变迁中的企业可以被看成一个核心的系统,其中员工、管理者和股东拥有认知的资产,即共同的信念。这些认知被认为是常识,企业因此被解释为"自我治理的,以规则为基础的"组织,并在内部将认知分发到每个人,进而指导他们的行为和工作。对Aoki来讲,公司治理表现出了企业内部管理者、员工和股东认知资产的逐步互动促进,而不是市场理论中丧失了企业道德和伦理的"股东价值"的观点。被股东、管理人员和工人共同分享的认知资产会产生一系列不同模式的治理结构和管理方法。

利用演化博弈论,Aoki另外假定制度从"博弈状态"的平衡发展中产生。他从自由市场和国家调控两个角度总结了理性选择经济学的观点:制度来自不同背景下的企业在市场上与其他组织(如其他企业或组织、非政府组织)涉及的经济博弈;政治和社会博弈也发生在同一时间;这些博弈在改变着企业,并同时被每个企业所改变。从历史上看,这些动态博弈产生了鲜明的国家体系和制度(Aoki,2010)。然而,博弈不应只产生一个平衡点。由于根据路径依赖理论,Aoki提到这些国家的制度持续了很长的时间,并且这是已经存在或创建中的很多均衡点相辅相成相互作用的结果(Deakin,2010)。此外,在变动的市场、技术、政治、社会的态度和认知的资产下带来新的压力,导致了在全球视野中的不同国家背景下制度景象的持续多样性(Aoki,2010)。Aoki(2010)的意见有助于理解为什么制度一旦建立便趋于稳定,同时对制度的起源和演化还具有很好的解释作用。

把两者结合在一起:认知发生在个人的头脑意识中,如员工、管理者和股东。在这里,Aoki进一步调查企业中"社团认知"系统和特别涉及系统中所有个体的存在方式(Deakin,2010)。在认知方面,制度涉及博弈过程里企业"公众表述"的形成(Herrmann-Pillath,2011)。根据这种表示,制度从企业互动的细节中提炼出来,以确定其持久性,并且更加突出表明内部的例行程序化的惯例(routine)功能。因此制度"存储、保留和传播共同的知识",并被稳定的社会结构所依赖(Aoki,2010)。根据Aoki的解释,制度的创造力取决于使他们能够了解社会实践的安排,加强稳定性,并在同一时间寻求改变它的程度。

基于这两点,Aoki提供了一个新的观点去了解企业和制度,并试图把他的模式引入到行为经济学中,从微观经济学的角度将行为经济学和理性经济学联系到一起。Aoki认为制度永远处于运动的状态中,在个体的战略行动相互作用下导致的重复的动作模式;也就是说,这包括使用某些公众表达的文字、符号、礼制等方式。礼制(老规矩)精简了有关代理商间复杂相互作用方式中传达的信息,并使得这些行为引导这些状况的再现。例如,某些符号可表达权利的信号,这将被看作是法制性的,使得制度执法的成本降低,有利于其通过时间重建。信息精简这个概念可以被看作是在社会互动中分布式认知[1]的一般模式的具体体现。这意味着,知识不仅存在于个体内,并且取决于一定的诸如个人的社会和物理环境等的背景框架。因此,在制度变迁与企业行为之间的因果关系链中,公众表达的角色被识别。制度则因此被理解为通过这些社会博弈被企业普遍接受的认知(Aoki,2010)。换句话说,老规矩可以被理解为共同的认知、信念模式和公众的表述。

从认知基础理论建立的制度演进概念将经济学从微观和宏观的角度联系在了一起,并且链接了理性经济学和行为经济学。从博弈论出发,Aoki(2010)的方法主要基于公司内部个体之间战略互动的微观层面,即管理。然后,他研究社会结构是如何从公司参加的互动博弈状态的平衡中形成,即制度。由于Aoki(2010)指出,博弈论不能完全解释代理商如何协调在不确定条件下个体们的行动,因此我们也可以通过探讨"共有知识"的起源和演化,研究如何形成超越了博弈的公平制度体系。在这里,认知模式可以充分与行为经济学理论相连,并解释公司治理和体制结构的创建和重组,以及它们如何在不同时间和不同空间下的变化和发展。

正如我们在本书的开头指出,这项研究的重点在于制度变迁背景下企业的行为和管理。本书将尝试使用基于Aoki的认知科学理论链接理性和行为经济学,并研究如何处理各种管理问题和制度变迁背景下涉及的这些问题。利用这些模型,如何能为理解中国企业给出一个更合适的框架?这两种理论是相互调和或互补的吗?这项跨学科的研究将给我们带来更广阔的角度看待企业。我们的目标不是要排除现有的经济学知识体系架构,而是希望更多地把已经被遗忘了一段时间的行为经济学包含进来。

1.2 中国特色社会主义市场经济下的企业管理

1.2.1 中国改革

像 150 年前李斯特在德国追寻的那样,1978 年邓小平决定"追赶"西方发达国家,并打开本国经济对外国贸易和投资的大门。这一政策的影响当时从未被预测过,但是通过改革这种普遍的共识,有两个微妙的带有区别的观点逐渐出现。第一个观点认为:制度支撑可能不会自动仅仅通过立法行为和过渡路径实现,因此过程可能是多种多样的,并可能会经历不平稳的状态,这取决于每个经济体所处的不同的历史、社会和政治因素。另一种观点的前提是在市场的普遍性价值和企业以市场为导向的治理模式下来探讨更深的信仰。假设是,如果能提供并实施适当的法律安排,企业、股东、个体的经济繁荣就可以自主。因此,在 1984 年,邓小平首次提出,中国应建立"中国特色社会主义市场经济",随后的中国领导人都强调这样做的重要性。然而,似乎没有人可能找到一个确切的官方定义。很显然,邓小平的意图是让中国在其转型为混合经济过程中,应保持共产党在中国的核心作用;而经济成为自由市场的一部分的同时,考虑到国家经济现实的条件和它所处的文化背景。也就是说,它需要的是务实地寻求经济稳定的发展。该计划并没有明确规定具体的细节,也没有人能完全估计其产生的成功或失败的影响。然而,实现现代化的愿望通过中国参与国际经济的进程逐步得以实现。改革开放三十几年间,中国经济经历了奇迹般的增长与快速的繁荣。中国已经成为世界上最重要的经济实体之一。

不同于社会市场经济的德国和自由市场经济的美国,中国特色社会主义市场经济到底有什么不同?中国特色的社会主义市场经济设想政府扮演调节市场的角色,决定价格,以方便对市场均衡博弈的指导作用(Tisdell,1972)。此外,改革初期政府设立了 4 个沿海经济特区吸引外资,促进出口和高科技产品进入中国。其他渐进的改革措施包括:寻求将经济特别是贸易决策权分散在几个特定部门;对各个企业的经济控制权给予省级和地方政府,允许遵循自由市场原则竞争,而不是在国家计划的指导方向下经营;公民被鼓励自主创业等。中国经济已经成为一个混合经济体,其中中国共产党起着为中国的发展提供总体框架的核心作用。

1.2.2 中国特色的管理模式

从微观企业角度来看,有两个对中国经济内部起不同功能的主要模式逐渐连接在了一起。每个模式都已经演变着并与社会的互动达成一种不同形式的平衡(Redding & Witt,2007)。这两个模式是国有企业和私营企业。

如今,国有企业(SOE)不再处于中央的计划控制下,并且自身涉及更复杂的结构(图 1.3 显示了中国国有企业商业系统的各种组织元素)。通常大型的、资本和劳动密集型的国有企业需要以全球化标准来衡量。在管理方面,国有企业正在迅速改变,并具备一定的专业化程度和市场敏感度(Gurthrie,2005)。由地方政府支持的地方国有企业也非常庞大,通过共享所有权的管理结构来吸收先进技术。

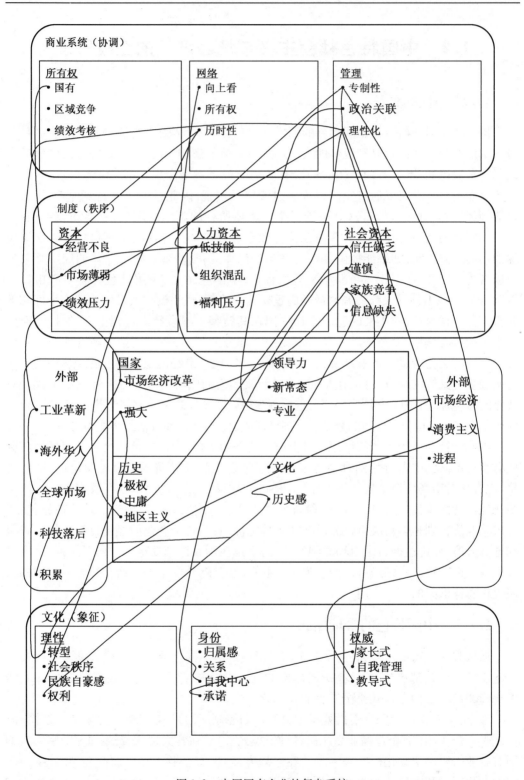

图 1.3　中国国有企业的复杂系统

引自:Redding,2007,p.85(译)

在Redding 的观点中,国家仍然保持着直接或间接的对国有企业的控制。Redding 的商业系统的各个元素具有复杂的交叉关系,包含在国有企业内部和外部的制度建设中。在内部,一方面教育和技能培训不能充分符合公司的需要,另一方面也缺乏内部制度化信任的系统,这反映在外部高等级的集权化和内部低级别的委托中。在外部,非正式的做法看起来很平常。例如在金融系统中,国有企业比民营企业拥有更多的资本密集度,因为为国有企业提供贷款的银行并不容易触及其他经济领域。因此文化因素可能提供的个人的主动性、创造性和承诺,将有助于建立一个合格的制度。

自2003年以来,国有资产监督管理委员会(以下简称国资委)指导和监督国有企业,提高国有资产管理工作以及完善公司治理结构。在组织中,领导的角色由通过在党校的培训学习和研究的高层次政治精英组成,因此彼此具有强烈的社会化交际能力。管理人员负责传递下达的命令和维持现有的纪律。

近年来,政府最重要的经济推动举措之一是已经实行的在不同省份下放经济权力的制度。地方自治带来了更多的机会和风险。在嵌套的层次结构体系中,政府的力量会从中央分散到省、区和乡镇村(Redding,2005)。绩效好的国有企业是政府、银行青睐的对象。规划、金融支持和资源会流向这样的企业,但这些并不一定总是符合其企业管理和发展的需求。这样的行为无法被测试,也无法在市场运作中被清楚地理解。因此,政策是以地方政府的经验来颁布的。同时,各个地方保护自身利益和当事人的位置。为了争取资金、资源等,每个省都必须参加在关系网中激烈的竞争。腐败成为国有企业面临的主要问题。在这样的制度环境中,银行不能直接有效地支持企业融资;资源由监察委员会控制,而这又受当地政府影响;国有企业人力资本也因为在技术和管理方面的专业技能短缺出现了诸多问题。

综上所述,Liberthal(2000)总结了国有企业的以下特点:
(1)政治关系优于管理能力;
(2)公司内自上而下的决策系统;
(3)绝对服从上级。

在这个复杂的且有等级层次的传统下,管理只能依赖于管理者、企业和政府之间的密切互动。

私营企业是由大多数的小型和中型企业及具有一定背景的大型企业组成。在传统的中国,文化总是与制度和组织相关联,图1.4 为中国私营企业的复杂系统。在中国古代,由于宗族持有财产和权利,企业行为取决于礼制(Redding,2007)。家庭是儒家社会的基础,人们在社会化过程中被明确定义为家庭的角色,创业的目的是为了积累家庭的财富。中国古代的"家"字就是分别由屋顶和猪合成,寓意为财富的共同体。在今天中国企业家的思维空间里,遵循这一思路就这意味着,无论是家人或伙伴必须一起紧密合作,为个人建立信任网络(这也被称为"关系")。Redding(1982)看到了中国人的关系管理的重要性。Lockett(1988)也表明,中国的管理是以关系为导向的,完全与绩效导向相反。在商业方面,中国的私营企业善于分配有限的技术、人力资源和资本,商业合作被关系所加固(Sheh,1995),并保证关系网络的可靠运行。在实践中,中国的组织结构大多基于家庭阶层。例如,广东、福建、浙江的家族企业的主要业务更注重出口制造业,他们利用网络链接外部的设计、技术、品牌、营销、物流等资源(Sheh,1995)。基于这种网络结构,家族企业的管理高度集中于他们的决策灵活性上,并在实践中构建和维护一个家长式的领导风格。另一方面,领导人总是通过道德观和价值观严格控制企业的员工(Hwang,2006)。他们通常会很好地识别商机,并将企业看成一个帝国,让他的后代继承(Redding,1982)。

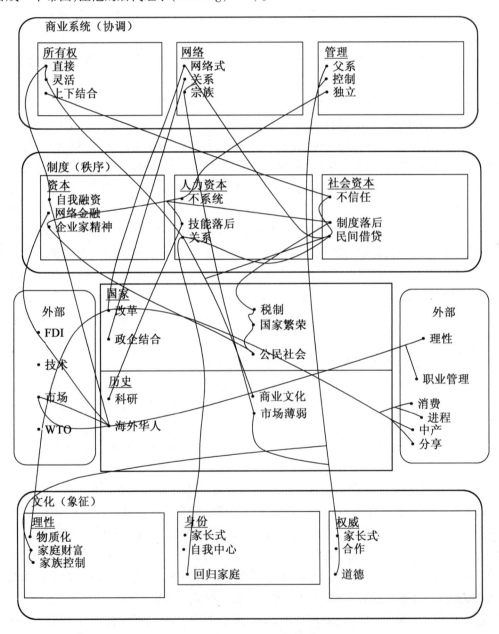

图 1.4　中国私营企业的复杂系统

引自:Redding, 2007, p.123(译)

民营企业缺乏明确的发展方向(Redding,2007),他们经常以家族或合伙经营形式出现。在企业内部,家族所有权意味着所有权与控制权不分离,企业家拥有充分的管理权。在大多数的民营企业,短期的雇佣行为往往会阻碍企业的制度建设,因为短期雇佣只能提供低技能的教育和培训系统。

在地方,民营企业处于地方政府的控制下,企业主的利益很难被体现。因为缺乏制度化的信任,银行信贷阻碍民营企业的发展。因此,人际信任和商业关系系统加强了组织间的信任合作关系。

根据这些特性,中国私人企业集中于发展在外部的网络管理,这使得内部的沟通常常被忽视。经理人可能会将指令纵向传递,但是效果显得非常有限。管理人员和工人没有相互依赖关系,企业人员常常在没有长期合同保护的情况下被解雇。

目前,中国企业的首要目的,无论对私营企业还是国有企业而言,似乎都需要在自由市场经济中实现企业利润最大化。因此,由于全球化金融市场的竞争压力,企业被组织和管理为最大限度地分享价值的机构。股东的利润最大化被看作企业的最终目标,并对企业的发展起着至关重要的作用。

鉴于这些趋势,中国提供了"一个进行经济、管理和组织实践的可行性研究的环境"(Herrmann Pillath,2005,p.16)。国有企业转变为市场导向的企业,成为部分半国有和半私营的企业。私营企业,来源于家庭组织,已成为最重要的经济组成部分。作为"中国风格"的商业文化的一部分,中国式管理依靠网络来提升业务。为了便于过渡,各种的制度支撑,产权和合同的法律执行,信任的社会规范,企业信息的透明度,问责制的管理已成为被关注的重要问题。

Kerr(1983)认为企业惯例依赖于信仰、态度和价值观。在美国式的市场制度下,企业的行为缺乏集体精神框架,忽视经济行为下不同的文化结构的意义。在中国,本土文化与外来文化融合在一起,不同的制度结构被重构拟合(Vogel,2003),而制度的复制在实践中不断被融合和加速。

直到最近,许多学者都无法使用一个系统的模型或框架来评估在中国的管理制度。虽然在经济改革的过程中新政策对农业、工业、商业的兴起起到重要的作用(Krug,2002),中国管理研究仍继续采用西方的模式,并基于中国文化背景进行实证分析(Hwang,2006;Meyer,2006;Redding,1982),这在文献中存在着文化和制度高度吻合的趋势。在中国,管理者主要是想把已经成熟的西方管理实践,有选择性地采纳,进而适应现有的自己的发展阶段,并作为企业制度的补充。

今天,对中国管理研究的探讨逐渐分成两种趋势:中国的管理理论的根源和进行管理制度研究的方法。开发新的本土研究结构[2],不同的研究者依赖两种不同的基本理论来源。一是通过哲学的思想,包括儒家、道家、法家、孙子兵法及中国现代思想的结合。中国传统哲学中的许多理论可用于中国的管理,如阴阳平衡的认知框架(Li,2008;Fang,2012)、悟(Liang,1997;Li,2008)、中庸(Faure,2006)、无为(Lee,Han,Byron & Fan,2008)、孙子兵法(Pan,2012)等。

第二个新兴的管理理论来源基于无论在传统文化还是在今天的商业生活中在中国

出现的广泛实践。中国传统礼仪的例子包括家庭的领导(Wu,2012)、关系(Luo,2012;Ma,2012)、人情(Hwang,2006)、和谐(Leung & Brew,2011)、面子(Herrmann Pillath,2006)和传统商人(包括晋商、徽商与温州商人)的研究(Faure,2006)。当代管理现象包括中国企业的发展、企业家精神和普通员工的体验的结合。其中的例子包括体制改革(Li,2007)、企业全球化(Lu,Liu & Wang,2011)、民工(Wu,2012)等。总之,第二个管理理论来源是基于一个更广泛和带有更多种实践基础的归纳。

中国的管理系统,因此被视为不同于英美和欧洲大陆的形式。这些系统有别于不同文化和制度交替的基础:个人主义和集体主义,权力距离的高低等。中国的集体主义倾向于家族化的民营企业组织形式:由自上而下的公司内部的决策方式;企业家精神对管理的强大作用;通过第一和第二阶层银行机构的间接融资;雇员的短期导向,缺少系统性的培训等。在制度层面,国家仍然控制着主要的国有企业的所有权。国有企业表现出较强的政府实践管理下的规则影响。

本书认为,中国有足够的适应性、创新性和效率性去形成自己的管理系统。这应该有助于我们理解一个有中国特色的管理体系继续存在的意义。

现在,本书添加了一个日本经济学家 Aoki 对企业理解的框架,它有利于将两个基本理论来源结合成一种新的方法的尝试。这种新方法从理论到实践应该适用于多种不同的背景,然后形成一个新的当代中国管理的研究框架。

1.3 中国企业

在"理性选择"的经济背景下,我们如何理解中国的企业?通过介绍行为经济学,我们可能会问这样的问题:是什么决定企业的行为和选择?员工、经理和股东如何选择这一个而不是另一个制度?如果有一个选择,这是企业的还是集体的,或者个人的决定,为什么?在这项研究中,本书将考察企业一般性的本体论问题。在市场规则下,企业的功能包括集聚金融资本,通过市场进行股份转让,对资本市场控制的管理,承担有限责任,通过各种类型的合同进行业务活动的组织等。在这些特征中,本书认为一个公司的普遍自然性是作为一个"永久或永恒的生命"[3]存在。当然,现代企业是一个高度发达并不断发展的组织形式,制度的历史性和家族商人的特点是理解中国企业本质的关键。在这里,本书首先转向对公司定义的探寻,然后进入一个更广阔的历史过程:中国企业的发展。

1.3.1 制度的起源和进化:企业

如果我们回到历史,会发现"公司"已经与我们今天的理解有非常不同的含义。"公司"来自拉丁词 *corpus/collegium*,代表"人的身体",并起源于古罗马法。罗马人称组成的家庭协会为 corpora。在这个时候,它缺乏任何明确的"法律人"概念,但是法人是通过众多个人的行为为代表的(North,2009)。在18世纪末,斯图尔特基德(Stewart Kyd)作为第一部英国公司法的作者,如此定义公司:

> 许多个人联合为一体,在一个特殊的名义下,具有永久继承性的人工形式,并通过法律政策赋予有能力的作用,在许多方面,作为一个人,尤其是在发放产权、承担合同义务、起诉和被起诉、共同享受特权和豁免,并行使各种政治权利时,或多或少地根据其设立的制度或授予的权力进行。无论是在其创办时,或在其后的任何生存期。
>
> ——公司法文,Stewart Kyd (1793 至1794/ 2006 ,p. 13)

在17世纪东印度公司和许多其他从事公共工程的公司一样,在国王管辖下进行特许经营。直到19世纪中期,英国的公司才遵循登记的行为。Davis(1905)所描述的19世纪后期的公司为一个"自治,自给自足,自我更新的组织"以及"一组自然人组成的某一类的组织,并呈现出许多形式;或通过某一阶层行使其一定社会的职能"(Davis,1905 / 2000 ,p. 13-34)。

对公司的定义有助于了解它的来源和变化。如前所述,Davis 在美国提出了对公司第一次系统的论述。Blackstone(1765)描述公司的特征为"一个永远不死的人"。一个公司当然可以做一个人在其有限的生命长度中不能做的事:现代企业高度发达,它们可以集聚大量的金融资本,通过市场大量转让股权;它们可以通过各种合同进行各种商务操作,它们可以与其他企业一起共同努力,创造一定的社会功能,可以组织其成员之间的认知资产的分配活动。除了认知方面,企业也具有法律人格、有限责任、共享所有权和转让权、委托管理等的特点。企业也需要遵守进行上述活动的市场规则。

然而,企业的主要目的是赚取利润。Coase(1937)认为,企业存在的理由是"节约交易成本"。他的论据之一在于员工的薪酬。如果员工有太多的外部性,成员之间共享认知会使得企业在和员工的合同谈判过程中增加困难。在这种情况下,员工可能会隐藏自己的意图、信息和认知,除非企业提供适当的激励机制来引导他们。相反,Drucker(1946)赞扬了通用汽车在第二次世界大战期间将他们的工人视为资源而不是成本。他发现站在装配线上的工人了解工作流程的所有方面后,也能自己解决复杂的问题。按照这种推理,Schumpeter(1934)发现企业有"自治"的特点:企业需要收集知识、认知、技术等进行生产。企业内部的认知活动,如信息/知识的收集、学习、存储、分配,被管理者、员工和股东共享并帮助他们实现集体的目标。

在历史的背景下,企业制度无论是作为外部"规则"还是内部"自治",都符合自身的性质。North,Wallis 和 Weingast(2009)将两种组织类型进行分类。一种组织的特点是自我实施的,基于其成员之间的激励相容的协议;另一个契约组织是基于企业内生的规则,并与社会规范一致。

1.3.2　旧中国的企业和礼制

由于工业革命在15世纪的中国并没有发生,中国商业通过礼制性的保护和促进(不是制度和法律)得以发展,这植根于相互依存的文化和政治的互动(Faure,2006)。在19世纪下半叶资本市场进入中国的时候,政府在西方影响下进行"洋务运动"改革。它使得中国在整个20世纪都在进行经济转型。需要认识的是,文化和政治两个方面为中国经济的发展奠定了基础。从地理上分析[4]，中国古代封建制度基于一个自给自足的经济模式，并建立在小农业社区和家庭层面。由于对农业的过分依赖，商业无法独立地发展。在中国远古时期，炎黄帝本人是一个牛的再生形象；大禹秦伯，在孔子的故事《尽力乎沟洫》中，提出促进农业灌溉项目，并做出了重大努力；在秦代商鞅变法后，基层和草根的行动被高度赞赏；特别是秦始皇通过各种政策，使商人和他们的后代被送往有繁重劳动任务的边境地区。纵观中国历史，农业被保留了一个特殊的地位。汉王朝（汉），促进了商业对国家的恶性效应，商人的社会地位以及他们的个人诚信遭到贬低。在宋王朝，通过严格和垄断式的控制限制茶和酒精饮料的销售并对其征收高关税，政府控制了小型和中型商业组织的发展热潮。明王朝曾宣称丝绸服装只能给农学家而不是商人享用。清代皇帝也曾宣布，根据他对四个行业（士农工商）的观察，撇开军事，农业具有统治作用。由于军事和商业都需要大量有营养的食品供给，农业本身在社会中起着主要和基础性的作用；商业部门在另一方面扮演一个次要的角色（Faure，2006）。

这个价值观体系让哲学理论和道德压力迫使中国商人遵守儒家规范，从而阻碍他们形成自己独立的商业伦理。在古代的封建中国，商人没有机会成为统治阶级。在早期的中国社会，他们的思维方式和哲学思想从来没有成为主流的一部分。通过考核制度招聘形成的官僚机构始于唐朝，始终贯穿于明、清时期，创造了一个管理者自己的奖学制度。由于中国幅员辽阔，政府官员被派到不同的区域。他们长期与有家族背景的商人群体和强大的地方宗族（渴望取得官方地位的地方精英）打交道。在明代，以盐贸易时期为例，"官督商办"是由商人股权认购制度建立起来的，在这期间政府派官员管理商业组织。这种所谓礼尚往来，框架建立在共同的身份认同上，并同时允许政府行使对管理者和官员的控制作用。礼尚往来也源于"礼"。

晚清时期，法律不仅限于成文法，解决商业社会纠纷仍然依靠行业协会组织、宗族，当地名流并基于家庭和习俗规定。宗族管理特别与企业的管理相关联。Faure（2006）指出，这种商业企业，并不像宗族，"也不拥有企业的法人"，因此独立于个人或家庭成员。正如韦伯（Weber）的"经济理性"的宗族概念也重点承诺人员选拔、资本流动和经济交易等普遍性的标准。Wright（1988）用已经在西方学术界占主导地位的观点阐述中国企业，他认为中国企业从未将自己视为除了自己家庭成员以外作为法律的个体。企业因此被友情、亲情、网络等所代替（Fairbank，1992）。在一个缺乏有限责任概念（和有限责任的制度，如股份有限公司和保险业）的环境中，担保人在中国商业中起到了关键作用（Kirby，1995），他们（例如在政府垄断中的带头商人）成为晚清时期国家必须确保对公司和组织授权的一种手段（McElderry，1993）。清朝晚期的稳定不是通过严格执法，而是通过保持这种相互的礼仪，通过个人网络协调官员和当地领导的关系维持（Lloyd，1988）。在缺少或非系统的私法条件的环境中，文化深深地嵌入在日常实践中的合同和国家实施的持续不断增长的商业活动中的私人协议里（Zelin，2009）。最终，官员和学者为寻求政治力量支持的目的会达到意见的统一。企业和商人在大部分的时间是不受管制的，交易很少诉诸于法律保护。商人利用礼制而不是利用法律与地方宗族组织和官员之间进行关系调节；因此，礼制占据了中国商业制度的一个更强大的位置（Faure，2006）。这种局部集中的财富增长结构在全国许多地方得到实践。

与此同时,法国商法典(1807)、德国商法和英国公司法(1860)以及日本商法典(1899)以一般法律权利的形式带给法人有限的责任。在西方国家,法律与宗教势力共同存在并形成了一种多元化的传统和制度。在中国传统的法律体制下,宗教作为一个主权国家的工具从未遇到强大的对手,因此没有受到皇帝以外的任何权力和法律规定的威胁。从社会文化的角度来看,需要注意的是,在西方,人通常被视为拥有一个单一的宗教传统(如基督教和犹太教)并具有内在联系的个体,在中国文化中,人已经能够同时在商业活动中信奉各种礼制性的行为。在国民政府时期(1927~1949年),政府试图建立企业控制钢铁、煤炭、电力资源;在这些企业中,中央政府保持对企业的绝对控制,并同时许可地方政府和私人股东持有少量的股权。在稳定的本土亲缘或关系集团基础上,民营企业是中央政府与地方政府互动加强信任的纽带。与"促进商业和支持产业"的西方模式不同,这种模式更有持久力而且更适应"中国企业特色",而且将文化和政治相结合,给家庭和政府带来了共同的利益。

从秦代至宋代,中国的风俗意味着本土化、身份符号和行为礼制的最终形成(Sutton,2007)。谱系族群的关系由礼制进行监管而不是靠法律的支撑,因此,礼制已经在中国的商业制度中占据了的一个强有力的位置(Faure,2006)。在明清,这种礼制行为已经变得标准化,而不仅是官方的意识形态或某种行为的风格,这包括对当地各种不确定因素的适应、调节、调解和掩盖(Sutton,2007)。从19世纪末到20世纪前半叶,虽然西方法律的引入使礼制实践被加以质疑,但政府主导的礼制象征性创造了高水平文化的统一。这样的统一让政府官员通过神话和地方礼制的实践解释社会现象。为此,当时许多学者发挥其政府的代理人的作用,创造一定的礼制和典礼提升地方商业组织对中央和地方官员的忠诚。因此,他们在一起成功地促进了礼制的活动,显然政府的权力和权威由此进一步被确立。

Freedman(1996)观察到世袭就是建立在持有私人财产基础上的集团。宗族的企业正是16世纪国家和当地社会关系建立在礼制基础上的变迁排序。了解企业在历史上的重要性,一定要和中国经济的发展相联系。为此有必要回顾Polanyi(1957)关于国家与市场的名言:市场自由运作时,国王放弃自己的权利给予贸易。在欧洲,国王通过授予特许经营给个体,然后集体通过公司法加以保护。在封建时代的中国,公司法并不存在;公司通过礼制确认自己的身份。礼制,因此指向16世纪中国商业革命的一种解释方式(Faure,2006)。中国和西方大约在同一时间都经历了一场商业革命,但欧洲商业建立了个人主义基础上的法律意志,而中国商业遵循其礼制的传统并建立在集体利益的基础之上。

1.3.3 现代中国的企业和礼制

1949年中华人民共和国的成立确立了中央集权的政府。在1949和1978年之间,大跃进和"文化大革命"对经济和社会带来了毁灭性的打击。期间,户口的制度也进一步制约了城市和农村之间人口的流动。直到1978年,在认识到政治和经济需要改革的时候,中国政府提出了要求公社土地承包给农民的大胆举措,同时允许个体经营企业首先在一个小规模内展开。但由于其业务增长非常迅速,政府进而促进外商在沿海指定的"特殊经济区"进行投资。

1978年前,网络关系被认为在"文化大革命"后已经消失,这样的网络之前主要作为个体生存的手段。今天,恰恰相反的是,网络变得更现代化和更适应新兴的国家政府的政策需求。网络促进了1978年后改革期间重建的民营企业的经济发展。特别是在农村地区,在只有少数国有企业存在的情况下,网络还帮助了中小民营企业的建立。在区域竞争制度下,网络帮助小企业获得更多资源,同时协助当地政府实现其财务指标。

自1949年以来,单位的概念出现。它指在一个国有企业中就业的工作区域。工作单位和工人的生活息息相关:它创造了住房、婚姻、医疗、子女就学、商店、邮局等服务。日益开放的中国经济也出现了许多其他不同的企业类型。今天,中国企业现代化通过两个路线展现。第一个从国有企业私有化展开:在少数情况下,是区域协调发展努力的结果。企业属于政府所有但依靠"私人"管理(在一些企业,政府官员也充当公司经理的角色)。另一个是建立于家庭根源的民营企业的发展,与地方政府密切相连。家族企业的礼制,明显不同于那些由法律制度规定的条文。例如,在华南和香港的大家族企业集团,拥有土地的江南地区的企业和中国北方的乡村宗族组织的公司团体,都在用不同的当地制度和政府一起建立家庭网络框架。

因为这些传统,中国已经在资本密集型项目的融资领域处于"落后"地位。只要企业需要有限的资本,礼制制度就可以提供充分的融资。融资规模较大的项目不可能没有国家制度化的支持,没有国家的支持就不会有市场的跟进。在1949年之前,在经历了大跃进和"文化大革命"后,中国已经不具有在规模上可能支持现代产业的工业银行。在20世纪80年代,第三次工业革命来自于经济方面的金融构想。目前,在中国的许多地区,金融市场仍然有赖于文化的支撑。然而,我们需要更多地看到,投资者需要法律的保护,传统的礼制系统需要变得透明。

由于古代各个王朝的解体,家庭已成为中国文化领域对经济发展中起到重要作用的组织单位之一。然而在今天,家尽管仍然以最基本的法律形式作为世界各地华人创办的商业组织的主导形式存在。自16世纪开始,中国社会网络中的个体或群体之间的互动由于得到国家的支持而取得了相当大的发展空间。从19世纪开始,中国商人和政府官员成为关系网络的使用专家。外国学者定义网络的意义为"缺乏一致的商业法律"(Zelin,2009)和"正式的制度补充"(Faure,2010)。因此,大多数经济学家将网络处理成从属于一个系统(如市场)的一种非正式制度。然而,正如已经提到的,在网络系统中出现的礼制,扎根于中国社会,一直没有其他制度所替代。因此,理论上应该认为礼制是一个已演变为一种主要的、正式的协调机制(Guo,2014)。更确切地说,这种制度安排源于传统和历史,并优于与其不相干的制度设计(Ferran,2013)[5]。

本书的论点是,中国企业继续通过礼制密切相连。这些不同类型的企业组织都在"国家主义"模式下,仍一边由中央政府或地方政府主导,而在另一边由家庭文化影响(Chan,Anita & Unger,1993)。制度和法律受到以礼制为基础的商业经营影响,已经度过了20世纪大部分的时间,并一直延续到今天。然而,这个过程是不完整的。毕竟,礼制通过3个世纪(从第16到18世纪)的发展才被确立为基本的文化和政治原则,并和经济联系在了一起。

1.4 组织的礼制

在回顾中国组织结构发展的悠久历史的同时,本书试图通过礼制理论了解中国企业的行为。本书认为礼制是在中国的组织中出现的象征性行为的表达。而企业行为的有形特征可以在其股东争取利润和达到最终目标时设置的各种战略计划方式时体现(Bourdieu,1977)。行为也有助于认知、信念、身份的出现和变化,并最终形成象征性的表达式(Trice & Beyer,1984)。这种象征性的属性,表现为礼制,除了影响个人,在维护和加强制度和法律的稳定中也起着重要的作用,同时也将个人结合到公司的管理和社会结构中(Aoki,2010)。行为、集体行为和场域行为都可以作为礼制,在特定的社会背景下的公众表述中形成(Radcliffe-Brown,1952)。

在这一部分中,本书讨论学者们定义的礼制和礼制研究的理论和实践方法,然后转向研究礼制的结构和功能。本书提供的一些例子表明礼制在象征性交流的情况下,如何在企业内部影响个人的信念和价值观的形成;并探讨企业在外部参与社会和政治的博弈中,礼制如何影响制度结构系统的构建。Trice and Beyer(1984)首次提出企业文化通过礼制和典礼形成。他们认为,组织成员的事件、典礼、礼制整合不同个体的思考方式。他们的定义提供了一个有用的出发点,并试图表明礼制是类似的但确实不同于相关的其他概念。他们确定了13个经常被研究的企业文化的形式:"惯例,礼制,典礼,神话,传奇,传说,故事,民间诗歌,符号,语言,手势,肢体语言和人文现象。这些形式包含一个特定的企业文化信息。"(Trice and Beyer,1984)。定义礼制可以基于这些因素,并且自然地通过象征性的表达得以实现。Trice and Beyer(1984)认为礼制行为是一系列的社会行动,其中包括群体的认知、信念、价值观和身份。这样的行为是公开进行的,并在一个特殊的环境或在一个特定的背景下表现出来的。这种现象的例子可能包括一个规范的谈话、宣演、正式会议,或庆祝成功的活动。这些例子中,行为是自发的而不是由条例规定的(Trice & Beyer,1984)。也就是说复杂的行为作为自发广播的形式以向世界宣告,这样的礼制通过典礼等行为并连同其伴随的力量被传播开来[6](Searle,2007)。

Durkheim(1915[1961])在他的《宗教生活的基本形式》中解释说,礼制是大众社会创造的一种共识。据他所说,礼制协调企业成员的行为和公司治理。基于Durkheim的理论,Mum(1973)试图提供一个重要的理解个人如何与企业互动的方法。Van Gennep(1909[1960])在其重要著作《礼制旅程》中,认为礼制有助于连接这些员工的组织生活的各个阶段并可以帮助工人顺利经过过渡期,如雇佣、培训和承担责任。同样,Baum(1990)认为,礼制在政治和社会环境不确定的背景下帮助企业与不同的群体沟通和谈判;因此礼制也有助于形成企业的群体价值,维护和改变与企业直接相关的意识形态(Pfeffer,1981)。现在,许多学者开始关注公司的礼制,并称其为组织文化。

根据上述学者的见解,无论是在内容、形式或场域上,所有礼制都包含公共表述和不断重复的元素。虽然所有的礼制涉及明显的行为,但没有系统的框架来研究公司的礼制和这些行为背后的意义。换句话说,当我们通常以"企业文化"的概念来作为描述企业行为的基本含义时(Smircich,1983;Wilkins & Ouichi,1983),礼制可以看作是企业中各个人的公众表述,并通过工作和互动共同创造企业文化(Nugent & Abolafia,2006)。Smircich & Stubbart(1985)表明,企业通过礼制创造共同的信念和价值观,并塑造个人的和其他组织成员的世界观。Berg(1985)注意到组织生活是"一个流动的经验常数",通过企业礼制这样的经验,连接个人和群体的公众表述和进行其他有意义的交流。

然而,学者们没有测试这个过程是如何在公司治理结构层面运作的。有两大理论观点来支持这些研究。一些人认为,符号表达式是由管理者通过对权力的维持和加强把拥有信仰的个人变成组织中事先规定的企业固定角色(Gluckman,1962;Trice & Beyer,1993;Van Gennep,1909[1960]),并通过管理政策和互动来支持(Pfeffer,1981)。另一方面,一些研究人员认为礼制能够调整企业中的变化和冲突,在企业内部建立交流的可能(Conrad,1983;Turner,1969)。基于以上两个来源,在第 2 章中将介绍一个具体的理论模型来解释礼制的根基及它们的起源,以及对社会功能的影响。礼制的稳定性和变化性同时加强了经理人来管理公司内部的共同信念的能力,并且逐步地变成企业的行为,继而象征性地融入公司内部个人的理解之中。在这些过程中,首先,象征符号帮助个人从他们原先的认知范畴中剥离出来(Pratt,2000);然后,这些种类被恢复并固定为公司的常识。在这个过程中将产生身份、信念和价值观。而礼制作为一般模型形成,通过企业管理系统驱动。

这些讨论提供了一个理论的视角去看待礼制行为在公司的作用。礼制同时提供了稳定和变化,并允许个人和企业在内部和外部展开不同的交互作用,维持组织结构稳定,创造企业文化(Berg,1985)。这些结果将在公司中创造出个体行为的信念、价值观和态度。

对礼制的探讨为研究人员提供了一个新的、更多考虑组织行为而不是理性选择的角度的思考。认知集中的过程会导致组织认同、沟通和知识共享(Smircich & Stubbart,1985)。在 Austin(1962)的"语言述行"是一个名词分析中(performatives)[7],语言的概念有助于信仰和认知的链接。为此,Bell(1997)优先使用"礼制化"概念用于指出倾向于礼制活动的行为,并将礼制定义在文化的范畴。

这就是说,在过去的 30 年中对关于组织中符号/礼制的许多有趣的想法已经被讨论。制度目标是在社会中通过礼制行为而不是经济进程所达成的。根据 Kuran(2009)的解释,西欧资本主义独特的特点是企业作为一个虚拟实体的创立,企业被赋予一定的权利和义务(但它们以前只属于自然人)。认识到企业并推定它们存在的根据,现代资本主义的特征就可以被定义。中国企业运用和西方企业完全不同的方法维持企业的发展。商业伙伴关系并不一定是可持久的,但礼制性的信任关系必须得到维护。因为这样的分析将中国企业的理论研究和实践分析相联系,它是建立在一个重要的基于现有的组织情境的具体框架之上,并告诉经济和管理学研究者什么时候在行为经济学领域会找到研究礼制的模式。在这个意义上,中国企业将礼制作为一种管理工具并在其经济发展过程中得以实践(Faure,2010)。

1.5 对中国企业管理的新理解

在一个国家中,传统的规则和礼制都被视为理所当然的为企业定义的工具,但直到现在,关于新的规则和制度的出现可能与礼制有关的想法还没有达成一致的意见。在这个过渡时期,中国的企业环境已经发生了巨大的变化。中国企业的发展已经成为一种痛苦的在不确定性环境下对创新的搜索过程。对企业的期盼取决于在自然和社会的过程中企业对自身运作的理解。

为了这个目的,本书首先把礼制的概念和 Aoki 的制度理论相连(2001,2007,2011)。伴随着 Aoki 的理论,本书回到在本章开始对中国企业的现状提出的问题。建立在盎格鲁-撒克逊国家的"自由市场"基础上的股东集中模式的公司治理结构错了吗?或是在德国通用的社会市场经济制度是否在中国通用?如果这样的政策、法规、公司制度是内生性的,是否能解释外部的制度设计在经济改革过程中经常失调的现象?为什么我们总是问这样一个问题,从其他国家借鉴制度的模型是否通用而不需考虑自己特有的文化背景?与西方国家不同,从 18 世纪的公司开始,越来越多的西方法律明确承认公司获利的合法性;而即使在今天的中国,尽管出现了一些历史的中断,中国企业仍然保持着礼制的实体,并建立了直接服务于它们的利益的网络。

本书首先提出"行为创造的秩序,是秩序"的合理性,也暗合 Searle、亚当·斯密、哈耶克和其他许多人的观点[8]。本书继续讨论 Aoki 关于企业及制度的论点。接着处理企业特点的两面性:先从行为经济学的认知系统和从文化根源出发的治理角度着手,然后采用理性经济学观点,分析企业处于市场下的博弈之中,如何在相应的政治和社会的环境下进行互动。本书打算建立一个理论模型来描述这些特征如何影响中国企业。本书的方法是将认知科学、行为经济学和在主流经济学采用的理性选择理论相联系,并考虑到历史学、社会学、人类学、心理学等相关学科。更重要的是,本书用述理论[9]来描述表现稳定、相辅相成的社会秩序的产生及其对公司结构和治理方面的相互影响。本书提出,在什么条件下这些相辅相成的过程会产生稳定的共同发展的道路?谁能把它们的信仰、价值观和认知进行传递?是通过各种社会规则如法律制度和政策,将企业制度作为外部约束的手段;或是可以从自身内部,以文化、传统和礼制的方式进行互动交流?(Aoki,2010)。更具体的是,个体(企业)的认知能力有限,它是如何扩展自己的认知资源的。基于此,企业在社会规则中扮演不同活跃的角色(公众表述)并带动和其他的角色相互作用,其中包括如政府、非政府组织、其他企业、团体等。这些社会行动者带着各自的意图和目的相互作用,来实现自己的目标。每个角色对彼此的期望在重复的社会博弈中相互交合。

在第 2 章中的概念性框架将提供一个更有趣的关于企业的画面。如果"理性"选择的结果可以理解为由单独的个人、企业和组织的复杂行为的组合,我们将会对法律、正式的和非正式的制度、法规等有一个全新的看法。它们似乎不再是作为制裁或处罚的手段,但可以作为集体认知和共同的权力存在。换句话说,"认知作为无法改变的社会的组成部分,随着时间的推移重要性日益增加"(Arrow,1994)。

本书的第 2 章给出了一个连贯一致的框架去理解社会博弈规则的起源和演化,以及企业在这一过程中扮演的角色。在这个过程中企业的市场博弈可以产生并为企业与个人提供认知的环境。这种方法的另一大优势是拥有稳定的对分析结果解释的依据:分析企业从嵌入礼制在文化背景和政治背景下博弈的相互关系的能力(第 3,4 章,讲述中国企业在文化、政治背景下的行为和制度变迁;第 5 章介绍知识管理)。在第 3,4 章中,本书也会将 Aoki 的理论用于中国企业的实践,并从中国企业的经验出发观察自身的行为。本书研究企业如何在不同的社会规则和不同的背景下和其他的企业相呼应,形成特定的企业架构和中国的治理模式。此外,一个中国的文化和政治体系的讨论也包括组织在社会博弈下重叠互补的平衡。

在第 5 章中,述行的研究框架及其应用表明,在全球范围内多样性的企业架构日益变得内生化,并以国际多样性的形式体现。沿着这些线路,在中国企业出现的一些情况将进一步被观察和讨论,并且支持我们这样的推断。那就是,中国的企业行为关键取决于认知根源,这将减少企业在社会博弈中企业内部工人和管理人员之间的认知差距(比如专业人员、工程师、管理者等)。本书运用管理学知识去讨论在述行过程中需要使用的知识如何被其认知力量所驱动:这是创造、提高和获取混合知识,然后重新结合并再次学习的过程。中国企业成长过程中的痛苦将伴随着对价值、信仰、真理和知识的寻求过程。

1.6 本 土 研 究

本书试图提供一个对中国管理进行本土研究的类型学建议并勾勒出这类研究的一般方法。本土研究需要从事桥接普遍的解释和局部实践的理论方法,并需要在特定环境下的一个更一般的理论知识视角。问题是:普遍的理论如何可以结合这样"本土化"的实践并不让他们任意破坏。为此,我们需要一种本身具有普遍性的方法。

事实上,经典的区别本位和客位的方法可以处理全球和局部方面的分析。客位与全球化相关因为通常涉及参考外部观察者的一般规定,因此是一种"客观"的标准。客位观点用于辨别社会现象的一般方面。相比之下,主位研究,探讨当地人的想法,"他们是如何看待世界和世界的规则的,包括他们的行为,什么是对他们有意义的,以及他们是如何构想和解释世界的"(Kottak,2006)。以这种二元论的主位客位系统用来分析本土研究的互补性特别有用。

一般来说,本土研究地方(主位)现象并探讨其局部的及其对全球(客位)的影响。越来越多的研究扩展到中国本土化学习中,也许将贡献更大的理论支持。因为它专注于发展本地衍生的理论并具有普遍性。在实践层面,中国本土研究应该被视为解决地方问题最有效的方案,因为其包容了理论和实践之间的兼容性,并和局部高度相关(Leung,2011)。许多学者认为,本土研究可以完整地了解一个局部现象的本质(Kim & Berry,1993;Tsui,2004)。Whetten(2009)认为,本土研究覆盖了很多局部的现象;Tsui(2004)认为,本土研究关注当地的环境因素;Yang(1993)建议本土研究应该采取一个地方的理论视角。Li(2008)提到的"……研究当地的一种独特现象或一种独特的元素,应从一个地方(主位)的角度来探讨其局部的相关性"(Li,2008,p.413)。

本土研究需要从理论和实践的角度,将特定环境下的知识(主位)和更一般的理论知识(客位)联系起来。在《理解农民中国》中,Little(1989)认为,科学的解释依赖于因果模型;这些在本质上是局部问题,但却涉及整个社会。他还批评研究不能都强调依赖规律,社会科学不能完全依赖自然科学的解释,其中数学公式的使用使得现有的对物理世界行为的预测变得可行(但也许在实践中不可靠)。在《社会解释的多样性》中,Little 主张以因果分析为中心,而不是在社会解释的核心方法下做出总结。因果解释的总的想法是要表明一个现象或规律的解释应以因果过程和因果关系为基础。使用这种方法,社会科学家应明确研究解释的目标是揭示因果机制而不是制定演绎方法。

本书的目标是将 Little 的因果机制,通过一般/本地解释运用于我们中国自己的本土研究中。利用述行理论,本书将博弈论的概念在本书的制度和行为背景中进行应用。该框架支持这样的主位与客位的维度,而且本身就是一个因果模型。最后,值得注意的是,中国本土研究根植于特定的文化和历史背景。礼制被视为作为一种源于两个背景下的公众表述行为。礼制的概念进一步加强了本土主位和因果模型之间的连接。

现在本书将述行的理论和 Aoki(2010)介绍的普通博弈论概念中的关于制度和行为的概念相连,他将制度(社会现象)看成一种动态平衡,包括战略行为的个人互动和对结果的重复行为模式,并形成一种公共表述,即文字和符号。这种方法将述行行为概念引入研究经济分析制度和企业的一个新视角。本书认为,在微观层面,几乎所有的人类行为都遵循在复杂性和不确定性经济系统下的习惯、规范和制度。企业是人类所创造的最有价值的一个"社会"。基于因果模型,述行源于公共表述(符号系统)和行为倾向的结合,战略的相互作用使得制度被反复操演和产生。

考虑到 Little 的因果模型,经济学的假设只在抽象的意义上是普遍的。这就需要一种中间范围的概念,在一定的条件下,在时间和空间的限制内也能被涵盖,如在某一时期某一个国家的条件下。不同于科学,这些先决条件不是简单的经验事实(数据)。这些都是由历史或文化的理论建构的,需要定性的思维和推理。这些都需要理论概念的调节。

本书将 Little 的局部因果模型加入通用/地方的解释,为"本土化"研究提供真正"科学"的方法。为专注于中国本土的管理,本书建议对"本土"一词也可以给出一个普遍性的解释,即礼制的述行。本书认为,述行的概念是从哲学的语言中借鉴来的,所以可以将主位与客位的维度相连 。因为所有的这些本土概念本质上都是建立在语言/符号的基础上。本书认为这个本土概念可以将 Aoki 的制度和行为博弈论的普遍性概念结合起来。

本书强调以一个跨学科的方法作为本书的研究工具,多角度、多层次、多方法地研究中国管理。首先,随着中国本土研究的概述,本书强调管理的研究具有局部和整体相关的一个"主客位"角度结合的制度经济理论发展观。此外,本书提倡定性与定量相结合的方法(Johnson & Onwuegbuzie,2004)。多层次指的是研究企业成员以及个人、社会、组织和团体。再次,经济现象是由人的活动构成的,其代理行为建立在对共同信念的意义、价值、解释的基础上。通过这种方法,一般普遍性的研究方法将在一个特定范围内对社会现象进行研究概括。

最后,不能认为在社会实践的现象中,我们可以找到一个很强的基本秩序。相反,不同因果关系影响的社会现象是非常复杂的,这些信息由个体代理人转达,其结果很少是可预见的。因此,本书归纳的方法不会用于特别可靠的预测。然而,本书希望加入社会因果关系的一个微观基础的解释:述行体现在制度的创造和个人的约束中,反之亦然。

注释

1. 分布式认知是指认知功能可以包括机制对个体的内部和外部作用的现象。共同使用的语言模式使分布式认知具有使用某些符号和支配某些行动的能力(例如,数学和统计支配的计算),并拥有确定的看法和相应的一致动作(例如,共享问题的解决方法,这通常称为在团体或组织中的惯例)(Hutchins,2005,Clark,2011;D'adderio,2011)。

2. 本土研究的结构。

一般而言,本土研究集中于一个独特的局部现象,探讨某部分的研究(本位)和(或)其在全球(客位)的影响(Tsui,2004)。在中国的研究,可以促进跨学科、跨文化、跨层次的,面向过程的,以多方法、多实践的手段,解决在西方理论中对关于中国的普遍存在的问题的补救方法。

3. Greif(2008)给出了一个符合其历史意义的企业的定义,如"故意创造的、自愿的,基于兴趣的和独立治理并永久性关联的组织"。

4. 华夏文明的发源地是在黄河流域中下游一带,也被称为中原地区。"中原"指"中部的平原"(因此命名为中国,为"国家中心")。如果我们利用在中部平原地理位置为观察点,可以看到整个地区有点封闭。整个平原山脉的北部、南部和西部均受阻,东边也被海水包围。在这样一个孤立的地理位置下,农业和畜牧业蓬勃发展。在这种自然条件下一个自给自足的经济得以维持,但不利于一个开放的面向企业发展的商业活动。Williams(2003)也指出,影响一个国家商业发展进步的一个先决条件是社会民间传统的一致性。

5. Eilis Ferran(2013)在香港大学做了"欧元区银行业联盟和欧盟单一市场的分化整合或解体"的演讲,并指出了制度的历史和文化的概念。

6. Searle(2011)指出,制度是基于宣讲的模式,带来了社会事实的存在。这包括三种能力:集体意向性、语言的能力和分配功能。

7. 述行(或表演话语)是指Austin(1962)的言语行为理论(语言哲学的一部分)中的概念,它指出语言不仅是被动地描述一个给定的行为,而是改变了它们所描述的(社会)现实。

8. Plato思想认为博弈规则取决于对孩子遵守社会规则的教育。Adam Smith(1979)也指出规则是"人类社会的大棋盘"。Hayek(1988)认为:"行为在一定的约束下指向战略博弈的轴心"。

9. MacKenzie(2007)认为,经济理论的某些元素如果影响代理人的行为方式就将变得述行,因为代理人的行为收敛与理论预测相一致(下面本书会把述行方面的研究和Aoki及Searle的制度理论相结合)。

第 2 章　制度、企业和述行
（一个企业行为的研究框架）

2.1　述行理论简介

述行的概念起源于科学社会的传统研究范畴。长期以来，人们一直在人文学科内讨论述行的概念，尤其是在语言哲学、施行理论、社会性别研究和人种学中最为广泛。它表明理论和模型都不只是单纯地对其背景的描述，而是改变了它们所描述的现象。"述行"的概念是由 Michel Callon(1998) 首先纳入社会经济学的。他提出了经济学在述行方面的研究，即在何种程度上对经济科学起着重要的作用。理论不仅在描述经济现象，并且把市场和经济变得概念化。卡隆认为，经济学并不只是描述现有的外部经济现象，而是把它的描述变成现实，经济学启动、建设、制定、变换和（或）维持经济的述行方式。这个概念已经得到了很多经济学家的认可，他们分析了其对经济学和对经济实践的影响(Miller, 2000; Callon, 2005; Ghoshal, 2005; Holm, 2007; MacKenzie, Muniesa & Siu, 2007)。在实证分析中，这些影响已经被运用于经济设置如何区分法国 Solognes 的草莓市场(Garcia-Parpet, 2007)，芝加哥的金融衍生产品市场(MacKenzie & Millo, 2003)、欧洲碳交易市场(Callon, 2009)、组织决策过程(Cabantous, Gond & Johnson-Cramer, 2011)和信用评分在美国次贷市场等领域应用的持续增长(Pan, 2009)等各个方面。他们认为经济学驱动经济，创造所描述的现象(MacKenzie & Millo, 2003, p. 108)。因此，"经济"不仅被作为一门科学的经济学所影响，而且被更多地由政治信仰、社会价值观和文化传统的因素所驱动。

述行性研究提供了理论如何影响实践的过程，即从经济学如何有助于塑造实际经济活动这个新的认知角度出发(Callon, 1998; MacKenzie & Millo, 2003)。例如，基于 Callon 的述行概念，MacKenzie(2007) 主要研究金融市场。他解释说，模型不是简单地描述现有市场以外的东西，而是如何真正使它们成为市场的一个组成部分。MacKenzie 的作品尤其强调不同类别的施行和这些模型如何影响现实。"通用述行"(MacKenzie, 2007)表明经济学的各个方面（理论、模型、概念、程序、数据集等）由经济过程的参与者使用。"有效性述行"(MacKenzie, 2007)表明经济学的实践应用中经济学对经济现象的影响。"Barnesian 述行"(MacKenzie, 2007)描述了经济学实践的应用使经济现象更像是经济学所描述的那样，而"反述行"(MacKenzie, 2007)描述在经济学实践应用中其现象与经济学所单独描述的情况不一致（图 2.1）。

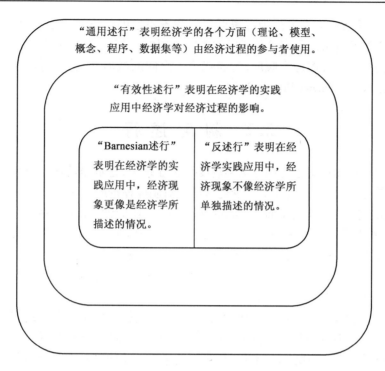

图 2.1 述行的集合
引自:MacKenzie, D., Muniesa F., and Siu, L(2007, p.67)(译)

"通用述行"(MacKenzie, 2007)表明经济学的各个方面(理论、模型、概念、程序、数据集等)由经济过程的参与者使用。"有效性述行"(MacKenzie, 2007)表明经济学的实践应用中经济学对经济过程的影响。"Barnesian 述行"(MacKenzie, 2007)描述了经济学的实践应用使经济现象更像是经济学所描述的那样,而"反述行"(MacKenzie, 2007)描述在经济学实践应用中经济现象不像经济学所单独描述的情况。

在本书中我们特别感兴趣的是所谓 Barnesian(有效性)述行。经济理论的某些元素在如下情形下变得述行:某些经济理论影响代理人的行为,而这些行为(即使是部分)与理论所预测现象一致(Herrmann-Pillath,2010)。因此,一个理论被视为"述行"的时候,理论的预测成为现实,并对其所处的社会产生影响(Callon, 1998;Latour, 2005;MacKenzie, 2007)。根据 Ferraro(2005)的观点,述行使理论成为自我实现的预言并得到广泛的实践。他认为,社会科学的理论、社会规范、期望的行为可以通过制度设计的塑造和管理实践得到自我实现,从而创造出他们预测的行为。然而述行性和自我实现的预言起到了反馈循环的增强持久性关系的作用,并反映出一种"知识主要被它所维持的实践所证实"的特性(Barnes 1988, p.166)。

本书相信述行理论为我们提供了制度和经济行为的研究分析工具,尤其是当 Herrmann Pillath(2012)将其与 Aoki 的制度模式理论研究对接起来后,这种方法和述行行为的概念将我们带入一个新的视角去分析经济制度和企业。Herrmann-Pillath(2012)认为,在微观层面,几乎所有的人类行为都遵循复杂和不确定的经济系统下的习惯、规范和制度。企业是人类所创造的最有价值的重要的"社会体"。因此,述行被看作是从公共表示中结合产生的符号系统和行为倾向,沟通代理人之间的战略互动,使得若干的制度条款被再生循环出来(Herrmann-Pillath,2012)。

2.2 制度述行

本书强调探讨和证实述行如何影响制度与企业理论,这场争论涉及哲学、社会学、语言学和许多其他学科。首先,本书讨论述行研究对制度理论的影响。

21世纪的前十年中世界见证了不同的制度变迁,以及制度带来的对经济绩效的重要影响。例如,欧洲货币一体化、市场一体化的危机,美国的金融危机,金融市场的全球一体化,以及经常性的货币危机。表面上,这些可以被认为是纯粹的市场现象,虽然市场属于制度的一种。然而,如果我们试图了解这些事件背后更深层次的影响,我们不得不采取其他制度方面的考虑。

毫无疑问,制度在一个国家经济的发展中起着决定性的作用。但在现实生活中采用这种广义的实践原则,对制度本身的定义相当重要,它取决于分析的目的。我们是否可以轻易地说这是一个一般的"好"制度,而且适用于某一个国家?它是否为强制性的?此外,由于制度往往受经济、政治、组织和社会的影响,定义它更需要一些不仅在经济学中重要的理论框架,而且需要社会学、政治学、法律、哲学和认知科学方面对研究的贡献。我们需要关心的显然不是用一个术语去澄清这个概念,而是一个可能有助于更好地理解不同经济系统运作的方法。

2.2.1 理解制度的两种方法

在研究制度进化理论中,制度是一个基本的客体。在《有闲阶级理论:一种制度的经济研究》这本书中,Veblen(1924)认为,制度是一些个人或群体的思想和行为的习惯。Commons(1934)指出,制度是个体行为控制的具有一定程度的集体行动,并带有自由扩张的需求。Ruttan(1984)认为,制度是一个社会或组织规律的总结,它可以促进人与人之间的协调。制度分为正式和非正式的制度(North,1990)。Ruttan(1984)指出,正式制度是很容易通过书面文书或规定被观察到,并通过正式的执行规则确定,如宪法、产权的裁决和合同等(Zenger,2001)。另一方面,非正式制度基于隐性的认识规律,存在于社会网络,并主要建立在自发的惩罚中(Herrmann-Pillath,2010)。因此,非正式制度包括社会规范、习俗、惯例、政治决策过程等。

1. 制度作为约束规则集合和自我执行的期望

本书现在介绍两种方法,进行对个体行为与(社会)规则之间关系的不同理解的比较。个体自发行为和规则之间的区别已经为制度动态发展提供了值得注意的研究问题,在什么条件下个人的选择影响集体的规则将成为我们重要的论证重点。

在早期的美国资本主义制度时期,经济活动中的代理人是在制度中被认为相对独立的部分(Hodgson,2004),制度通过特殊组织和层次结构被强制实现。也就是说,个人被迫遵守制度。John Fagg Foster(1981)也认为制度是规定的相关行为模式。Schotter (1981)把制度定义为一组由社会的所有人履行的社会行为规范,这也涉及在特定背景中特定的行为。这种特殊的行为有时来源于内部的自主遵守,有时通过外部执法得以贯彻。采用"制度规则"的观点,Hurwicz(1994)和Myerson(2009)视制度为被"社会计划者"设计的一个机制,只有他们被强迫通过自我或由"外部"的执行者实施后,规则才成为制度。在制度机制设计过程中,激励机制如何支配那些潜在的执行者成为研究的关键问题。

美国早期对制度研究的观点认为规则被选择所约束,因此,行为和规律是分开的。个体代理人可以在约束边界有诸多不同的表现,考虑到自己的喜好,代理人选择自己的行为作为一种成本和收益替代品的函数(Aoki,2010)。然而在这种情况下,改变规则可能会导致不同和意想不到的结果。这些都是我们在操纵制度或瞄准目标时遇到的困难。

与其把重点放在影响博弈的不同策略上,另一种方法可以从行为和信仰的演变与驱动考虑研究制度的变迁。当共同的信念成为制度建立的基础时,任务可以被转移到解释普遍的信念如何变得不稳定和新的共同信念将如何出现中。

在上述理论中,行为理论定义了一个制度作为一种"博弈游戏"中以内源性衍生或是在特定情况下个体间反复互动产生的策略(Schotter,1981;Aoki,2010)。Denzau 和 North(1994)认为,制度也与个人的选择和共同的认知相联。然而,这些个人的因素完全基于权力的力量(Tuomela,1995)。Greif(2006)提出了一种将制度定义为"一种规则体系,信仰和规范一起组织产生的有规律性的社会行为"。从"平衡观点"看,制度与行为在本质上相同,因为制度包括反复出现的行为(Aoki,2010)。Aoki强调特定行为出现的方式和传统一旦建立,代理人会在大部分的时间内遵守,因为这是他们对自身行为的最好回应。从这个角度看,制度变迁通过修改共享信念改变行为。

2. 新的理论

在现实中,这两种方法都是正确的。因为认知规则和规范也应该经过时间的约束。在平衡观点中,(事实上的)规则和行为的联系是简单的,因为行为的改变确定了制度的变化。在美国的制度观点下,不同的代理人可以在一个给定的制度框架上采取不同的策略,这说明一个不同的均衡发展是有可能的。从这个观点出发,结果的改变可能会导致不同的策略组合(公司内部变化)或一个制度框架的转换(公司外部的变化)。换句话说,在特定条件下,平衡也应该是稳定的,并稳固制度的变迁。Hodgson(2006)提到,制度同时是外部的客观结构,也是内在的存在于人脑中的主观思想。

在这一点上进一步讨论,Aoki(2001)提出了一种动态的框架,在图2.2进行了总结。他指出,制度是由代理人重复的相互作用产生的并作为个体之间一个合理的协议出现。换句话说,制度是"公众表述(public representations)"的反映(Herrmann-Pillath,2012)。这一思想与制度的平衡观点和美国的制度观点不同,这两种解释假设该制度作为一个稳定的和固定的对象。此外,Aoki 定义"制度作为一个重复的博弈游戏中的一个自我维持系统中的共同信念",这是基于制度性质的深刻理解。这种概括超越了长期以来有关对制度概念简单的分类和定义。Aoki 不仅强调,制度既是一个基于"规则"的系统,也将其视为一个"共同的信念",可以组织和整理自己的动态演化过程。

怎样使制度系统持续运转呢？Aoki(2001,2010)的描述如图2.2所示。

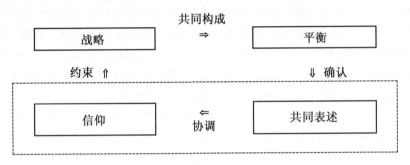

图2.2 Aoki的动态制度研究方法

引自：Aoki (2001, 2010)（译）

"Agents"的战略选择，建立在共同信仰基础上并处于共同繁衍中的平衡状态，从而确认其公众表述。因此，制度自我维持并压缩信息，成为代理人理所当然接受的事实，除非某些事件影响共同信仰的出现。"——Aoki (2010, p.31)

Aoki的制度概念更能突出其动态和可执行性的性质。这一制度变迁框架不仅包括现代经济分析中新制度经济学的研究方法，也涉及演化经济学的结构分析方法。在一个经典的博弈模型的基础上，Aoki引入进化博弈理论，并建立在一个内在的演化模式中。他的解释试图将理性经济学与行为经济学联系在一起。

2.2.2 制度述行：集体意向和制度

1. 陈述模式理论

为了把述行理论与制度理论结合在一起，本书引入Searl(1995,2005,2011)的宣讲模式。Searl指出，制度建立在一个陈述的方式上，并使社会因素发挥作用，而这些制度因素都具有集体意向性的特点。Searle的社会制度理论使用了三个基本概念：集体意向性、状态函数和具有陈述性宣讲的行为。集体意向性建立在两个效用的前提下。在本书的分析中，集体意向是在一个独特的"实践推理和团队推理（Sugden,2006）"模式下产生的，存在于其间代理人参与到的博弈游戏中。这种理念提出了某些事物如何拥有某些类型功能的方法，即所谓的"函数状态"，并共同赋予了状态函数在社会和制度上，在客观性认识论意义上的现实地位功能。人类通过集体意向性给出了状态函数的表述，从而创造了社会和制度现实。当人们接受、承认，或者使用人类共识（Searle的社会现实）的时候，集体意向赋予状态函数某种实体如金钱、婚姻、政府、大学，并把它们变成社会现实。这种社会现实在很大程度上依赖于人们的态度和意图。

意向意味着生物性的过程所引起的生物化的事实，然而，它创造与观察者有关的社会和制度的现实。社会和制度是一个集体意向性"创造"的实在，这意味着社会制度的现实不只是持有其物理特性，也在发展过程中通过集体的表现完成。集体意向性必须通过陈述宣讲行为模式来表明一个特定的对象如何具有一定的功能。宣讲行为本身是一种制度性的现实，同时，通过创造有意义的话语规定规则的实施和构建制度的存在。通过语言在社区中的独特作用，Searle揭示了意向性、语言、行为和社会现象（制度）之间的内在联系。更进一步，Searle提出了一个状态函数来解释形成制度的设想。语言描述"在C的背景下将X当作Y"的构成规则。此外，该功能匹配Tuomela(2011)的方法，作为一种权力产生的函数功能："我们接受S的力量，所以S让A这样做。"这一宣告基于集体意向性，就像我们相信一些印刷的纸是货币一样。最后，制度也意味着知识的产生[1]（Hayek，1973），这种知识存储并传递给个体，决定个体的行为。因此，制度在代理人参与的博弈中被持有、维护，并分配共同的知识。在制度创建并成功执行的这些过程中，取决于代理人在何种程度上将知识接收，并意识到如何在社会实践中将其体现。

为了探索陈述宣讲模式，我们可以以"钱"为例子。人们每天都要和钱打交道，但它究竟是什么呢？休谟（David Hume）、马克思（Karl Marx）和凯恩斯（John Maynard Keynes）等人开展过相应的探索，现在Searle也参与了这个问题的讨论，他通过语言解释钱的存在。在《社会的世界：人类文明的结构》中，Searle说钱是一张纸，用一种纤维素丝制成，并在表面印刷颜色和符号。是什么使这张纸成为货币？Searle(2008)回答，"只有当人们认识到这张纸为金钱时，它才成为公认的货币。"Searle的洞察力与曼昆（Gregory Mankiw）的《经济学原理》符合。在南太平洋的一个小岛上，雅浦民族利用6 600个大岩石作为货币进行商品交换。因此，大石头被当成钱使用。在1989苏联解体前，万宝路香烟曾经作为货币在莫斯科通行。这些事实证实了Searle的理论。因此，Searle也发现，许多被看成"制度事实"的社会现实、产权合同、婚姻，直到美国总统，在被认同的过程中，仅仅取决于人们的态度——"集体意向性"。也就是说，当所有人都认为、相信、接受和使用相同东西的时候，这些东西就会成为一种社会行为模式。因此可以说，集体意向性构成了事实上的制度，并成为一个社会现实。通过集体意向，纸变成了钱，奥巴马成为总统。Searle认为，苏联的解体和东欧的转型无非是某种"集体意向性突然崩溃"的结果。就像一个牧师对教堂里的新郎和新娘说："我宣布你们结为夫妻。"这对夫妇随即组成为家庭——这是Austin(1962)的"言"的行为和Searle的"制度事实"的结合。

在检验了不同的社会、不同的制度形成的原因后，Searle(2005)认为，制度不再作为规则可以被选择或自觉地接受，但必须被环境因素和行为倾向的因果联系所影响。这意味着，遵守规则是社会结构的正常功能。换句话说，制度不仅仅是一种心理现象。Lawson(1997)认为，制度是一个社会本体论的组成部分，因为宣言（制度）需要集体的认同和接受。相关的行为模式被指定为某些社会事实并被那些制度所描述，它独立于我们的信念，但也属于我们。

在中国的古代，礼制是社会凝聚力的关键。群体连接得越紧密，就有越好的机会生存。礼制帮助村民定义了血缘关系，他们用约定好的秩序生活。礼制建立共识，确立群体认同。更重要的是，它创造了一个团队的力量感和集体意向性。当我们谈论关于中国礼制的今天，我们仍然在关注具有集体性的传统儒家、道教和佛教的道德承诺，这不是从中国古代法律实施的角度展开。今天，政府官员也用礼制的力量维护秩序，并将社会契约的元素在个人实践方面进行内生化。这样的礼制包括家庭传统、社会的精神，和（或）一个广义的指导商业实践的文化。如今，礼制在中国社会的某些情况下更具有象征性的意义。总之,在个人对礼制进行表述的同时仍参与某些远远超出了自己的经验的实践。

2. 制度述行的新模式

为了透彻地了解制度述行,本书需要进一步探讨状态函数。在状态函数中,一个特定的实体被视为另一个实体;隐喻的关系由此产生,根据特定的语境,状态函数的一般形式为:

"在 C 的背景下 X 代表 Y"

状态函数包括基本概念转移到另一个意义的范畴。制度预设的集体意向性在某种意义上必须建立在一个共享的理解基础上。状态函数是在最一般意义上的隐喻。是一个在以前断开域上的意义传递,这是制度创新的基础。Searle 的状态函数可以通过符号(sign)和神经元的状态之间的因果关联角度进行解释,从而完成对 Aoki 模型的自然主义修订。

Herrmann-Pillath(2010)将 Aoki 模型加上 Searle 的哲学方法进行了一个详尽的对制度演化的阐述,在制度变迁中述行理论涉及分布式认知的概念。他通过修改后的 Aoki 模式解释了制度述行(图2.3)。

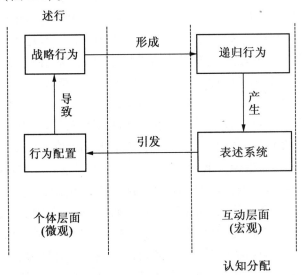

图2.3 Aoki 模型中实体的制度述行和分散的认知,以及 Searle 的宣讲方程

引自:Herrmann-Pillath,2011(译)

  这个扩展的模型结合了Searle 和Aoki 的工作:代理人的战略选择基于共同信仰基础上共同繁衍的平衡状态,从而反过来确认其公众表述,形成了一个符号(sign)系统。战略选择系统的符号由具有象征意义的媒介组成并在内部语义空间集中进行组织。信号直接触发了某些行为倾向性,并产生影响。行动在这个意义上变得述行,规则的行为出现在个体行为对集体层面结果的一定预期中,并将其再现。

这种观点认为,"分布式认知"指的是引导个体行为通过符号系统的影响,使认知距离和个体的多样性的差异被集体资源的使用所减小(Herrmann Pillath,2012)。"述行性"则是指预先核准的个体行为通过战略过程中个体相互作用的行为产生:个人的战略行为然后收敛于实现相互作用的常返状态的条件上。在这个过程中,Searle 所讨论的认知功能分布在种群水平上的单个神经元的状态和符号系统中,并随之赋予符号和行为之间的因果关联。

企业永远处在不断变化的社会博弈动态平衡中。如何让企业内部规则与社会规则相一致?公司是否将遵循这些社会的规则,或者他们将以被动的方式,看成是社会规则对他们的约束,或者他们会设法使规则符合他们的利益?使用述行理论,下一节我们将讨论认知科学、语言学、哲学、惯例(routine)理论和人工环境角度(artifacts)。其中,本书从企业理论的概述开始,看看我们如何以各种理论方法为基础,然后逐步学习惯例理论如何给这些有争议的问题一个明确的答案。接着本书分析企业如何作为一个团队自我管理,组织认知财产,产生决定,并与其他代理人(agents)相互作用、超越市场以及参与社会博弈。基于这些讨论,本书将为正在进行的对制度(企业)发展的研究提出一个简单的概念框架。

2.3 企业述行

本节脱离对企业公司[2]的传统认识,本书提出了一个简单的述行框架综合地分析企业。企业作为一个同时具有外部和内部方面的整体,对其架构和治理也有重要的影响。简单地说,我们可以认为企业的主体是由三个基本成分组成:股东、管理人员和工人。本书将观察这些元素如何参与企业活动并影响企业行为,这超越了股东或者利益相关者的特点。本书将论点集中在企业的认知系统中。

2.3.1 企业的认知根源

基于企业的这两个特征(内部和外部两个方面),将企业视为一个系统并包含股东、经理和员工的认知资产(Aoki,2010)。每一个企业制度都被视为一组内生创造并自我实施的规则,并同时规范着在博弈中其他成员行为的选择(在博弈中的其他公司、组织、非营利性组织)。简要回顾制度(第 2.2.1 章)的"平衡观点"后,我们知道制度被视为"活动"状态的平衡点。这就解释了为什么制度一旦被创建就保持稳定,但并不一定能说明其产生和发展的多样性形式的原因。为了解释这些问题,Aoki(2010)从认知的角度观点解释制度。制度作为"从代理人的相互作用中出现的平衡状态的总结陈述",他们从个体相互作用的表述中提取认知,确定"行为惯例基本特征的持续性"。在《企业在不断变化的多样性》一书中,Aoki(2010)将公司描述为在制度发展模式中的一个特定的形式。Aoki 认为,企业是由其成员的内部认知所组织同时也受外部规则影响。Aoki 的重点集中在企业中的个体的"认知资产"。在公司的每一个人(股东、管理人员、工人)的认知,都对公司需要提供着不同的价值。每个人也都基于自己的位置、方式、特点、日常惯例等处理自己的认知资源。因此,这些认知资产相互作用,形成一套利益和目标的共同信念。这种共同的信念将进一步规范个体行为,所以产生了公众表述形式。此外,认知将继续分配传递给个人。公司治理反映了企业管理创造分配不同的认知资产和在股东、管理人员和工人部署这些资产的能力。

如果从"认知"的方向出发去看待企业理论,我们就会得到一个完全不同的关于企业经济行为的画面。根据 Aoki(2010)的看法,在美国早期企业的等级组织中,经理人的认知资产与工人获得的主要利润相关。另一方面,"互惠的重要性"或"管理人员和工人的共同依赖"适于在 20 世纪中叶的德国和日本企业。企业认知资产管理的实施成就了这些国家企业中工会和股东共同的决定模式(德国的莱茵式和日本家庭式的管理模式)。根据新的 Aoki 的制度模型(2010),经理人会自主评价工人以及他们自己的认知资产。在评估认知资产过程中,管理者试图将其链接到特定的环境中。资本市场提供了许多工具来填补认知的差距。在 Aoki 的模型中,例如,公司法可以看作是公司内生的新兴的关联部分,让公司的股东、利益相关者、业主和工人共同参与公司的进化过程。在中国,礼制看起来被概念化,并表现为企业的组织形式的表述。除了法律,礼制在中国对个体的认知起着至关重要的作用,它创造了共同知识的集体公众表述。

明显的,企业本身也作为一个参与者在经济博弈中与其他参与者在特定的环境中互动。在政治和社会的博弈中企业分享认知,同时企业行为影响制度的形成,制度又在博弈中被参与者所遵守(Aoki,2010)。因此,企业的行为在重复的博弈中,在博弈的结局的平衡中,从互动和个人的战略选择中逐渐建造制度。从长远来看,这些动态的博弈创建不同的国家宪法或制度(也分享信念和共同的社会规则)。事实上,来自于这些博弈的结果中并没有一个稳定的平衡;平衡将改变不同的市场定位,推进技术知识创新,并改变在不同的环境中企业对政治和社会的态度,这些都将作为企业认知的资产得以延续。在中国企业的案例中,礼制在企业、组织和政府参与的博弈中帮助企业进行预判,促进和确定企业的战略决策的实施。

为了审视企业,外部观察者有时只能看到外部力量推动惯例的修改,而不是内部的"治理"推动企业自身的转型。因此可以说,人类所从事的联系认知活动是一个系统的工具,在一定的社会环境中,一个企业最重要的能力是将集体认知组织为正式系统行为的能力。以这种角度出发观察企业和公司法对中国企业的礼制的影响有诸多实践意义。一是把礼制作为我国企业发展的必要元素,是基于传统文化和共同的认知资产的核心竞争力,二是将礼制定位在特定的经济增长和政治过渡系统中。它在中国企业发展过程中在某种意义上代替了法律的作用。

通过述行理论,我们可以更详细地解释企业的行为是如何通过个体/群体知识于内部形成,以及礼制如何反过来催生惯例和认知。

2.3.2 述行:认知财产和惯例

1. 企业惯例的内外部链接

在日常生活中,惯例是无意识的行动,而决策是有意图的和蓄意的(Becker & Lazaric,2008)。自20世纪80年代,惯例开始被一些有关的组织而不是个人所承认(Nelson & Winter,1982;Cohen & Bacdayan,1994;Rerup & Feldman,2011)。这些对认知、社会和组织科学的研究改进了我们对惯例的理解。最近,惯例的概念被组织进化学所重视(Salvato & Rerup,2010)。Rerup 和 Feldman(2011)认为,在一个组织中并不是每一个相互作用都构成一个惯例;只有"一个经常性的互动模式"才可能隐藏了一个潜在的惯例。这样的重复识别的模式内相互依存的行为是由多个参与者一起进行的(Feldman & Pentand,2003)。

为了得到一个清晰的惯例过程分析的角度,Felin 和 Foss(2005)进行了深入的探讨,认为组织惯例的起源来自于基层个体上。通过在兰德公司多年的工作,Nelson 和 Winter(2011)注意到,公司的决定其实远离对市场信号的回应,说明组织惯例是基于个人知识的。这样的"个人知识"需要不断地更新和进行新的补充,并进行适当的协调,然后产生组织的知识,形成惯例行为。Winter(1995)继续寻找这样把知识转移到个人和组织的动力。他认为这基于 Schumpeter 的思想,企业应始终生存在一个不断变化的创新的环境中。Schumpeter 理论强调"更新",即在内部的元素复制到外部的过程中,组织经受的冲击可能是不可靠的。同时,组织从任何外部环境得到的经验也应该阻碍内生的源头的集成(参见图2.4,显示惯例的变化涉及内部和外部的压力,但这也体现了进化和改变的价值)。

Greve(2008)进一步探讨在组织惯例中水平较低的反馈作用。他认为,有时让个人负责做出任何特定的变化是不恰当的,因为这种改变可以修改惯例。当个人和组织之间的反馈是困惑的,认知框架也许会有助于减少这样的差距。

现在让我们把 Aoki 的企业认知框架带到惯例理论中。Aoki(2010)认为认知作为一个集体的特征是人们共同拥有的。它类似于博弈论中共同知识的假设,即这群人共享对事物的相同理解。这样的观点存在于宏观和微观的历史过程中,也存在于公司内部和外部环境中。认知似乎描述了一个比知识更准确,比技能更实际,比文化更普遍的观念。如果一群人有着相同的认知资产,那么共同的知识和相同的目标将很容易被识别。因此,减少个体之间的认知距离,协调性将是可达的。Witt(2011)提到,共享的认知框架和社会价值观的建设模式源于经常性的相互作用。例如,承诺的奖励会激励或提高个人绩效,从而帮助他们融入新的学习过程。在另一方面,如果一个人,专注于自我价值的实现,他们将自动参与组织的社会责任活动(而信息传递符号在这个过程中出现,我们已经在 Searle 的理论中探讨过)。组织惯例可能因此出现各种反馈交织(Rerup & Salvato,2010)。来自个人的变化机制的出现对组织有所影响(向上的因果关系),组织中的改变也从根本上影响着个人行为(向下的因果关系)(Hodgson,2007)。参见图2.5,企业行为也同时将认知分配于企业中的个体。

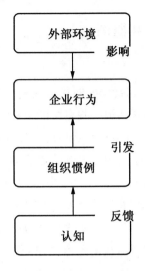

图 2.4 组织惯例

组织惯例起源于个体的层面并基于个人认知。同时组织也应为在不断变化的环境中生存而创新。组织从外部环境学会的教训和经验也会阻碍内生集源的形成。因此,惯例的变化同时涉及内部和外部的压力。

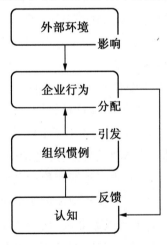

图 2.5 认知的反馈

认知是人们拥有的那些作为一个集体的特征和共同的理解。分布式认知有助于识别个人和降低个体间的认知距离。因此,组织惯例对组织行为的影响,以及企业行为的变化将通过影响个体的分布式认知而达成。

上面的框架可以帮助我们对组织惯例获得更清晰的认识。这个过程从认知到惯例行为,从惯例行为到认知都依赖于 artifacts(人工环境)。最近,D'adderio(2011)认为,人工环境是新的程序性记忆形式的来源,并存在的一定的"刚度"。各种类型的公共人工环境(语言表述是人工环境下的一种实体)必须进行相互调解,使个人信仰相互结合(Aoki,

2011)。然后人工环境调节社会状态(行为)和行为信念(认知),并在惯例中表现出来并创造和维持社会秩序(D'adderio,2008)。在调解过程中,语言表述的采集、编码和选择性能影响述行的惯例,反之亦然(D'adderio,2011)。这样的分析为我们提供了让惯例落地和定位的一种手段。许多学者提出更多的指导建议,以便更好地了解在稳定性和变化性之间惯例的联系。例如,术语"礼制"可以视为"惯例程序",它组织日常生活,改变组织的文化(哈佛商业评论,2013/2)。这样的礼制可以提供一个共同的身份认同特征、利益相关者的承诺、情感的交流并由此产生行为。在这场争论中,我们能够连接礼制与我们观察的企业对象。在视企业为"科学对象"进行研究时,我们可能会增加他们的礼制性分析表现的复杂性的探讨。此外,学习、行为和经验之间的这种互动,在礼制的生态环境背景下显得尤其重要。

2. 述行和组织惯例

Callon(2005)和 MacKenzie(2006)首先尝试连接分布式认知与述行理论。D'adderio(2008)研究惯例的产生,并提供了很多对述行有价值的见解。从述行理论出发,D'adderio 检验了嵌入式软件标准操作程序(Standard Operation Procedure,SOP)被引进到工程中的冻结过程(在发展过程中的一个时间点上,由于规则的改变使代码进行更新)的应用,并表明软件控制的程序和规则对执行行为有着根本性的影响。正式的惯例在动态活动周期中,即在模型与现实之间的结合点中被创建,并进而影响它的重构(D'adderio,2008)。

D'adderio 然后将每个 MacKenzie(2005)的述行类别[3]和她的案例相联系。她解释说,软件标准操作程序(SOP)实际上是由工程师在工程冻结过程中的应用,它被称为通用的述行。然后,若 SOP 及相关规则对冻结过程有影响,它被称为有效的述行。当然,如果规则在 SOP 的使用中和冻结过程类似,它变成 Barnesian 述行。当实际的规则和条件使冻结过程不一样,不符合 SOP 的描述时被称为反述行。因此,SOP 在冻结过程中提供规则和纪律,将正式的程序和实际实践结合起来。

在 D'adderio 的最新研究中,她认为,人工环境在使用过程中不仅包含于计算机的对象(软件)、符号表达式(即语言、图形模式、文本等),也帮助传递和交换信息。为了促进认知在人工环境的发展,研究框架的开发有助于促进和推动人类的认知过程。这项工作可以在不同的背景下对认知的产生提供宝贵的见解,研究在不断变化的实践和在特定的文化环境中,规则的出现和再生过程(Hutchins,1995)。

据 Callon 和 Muniesa(2005)的观点,分布式认知的概念使我们偏离行为的传统理论,并朝着对分布式代理人的概念前进,即单独代表人的思想的代理人。当人工环境嵌入规则时,很少是被事先确定的,人类并不总是选择绕过人工环境,但往往以一种特殊的方式盲目地追随他们的规定。这一决定是采用惯例的表现——礼制,作为理解混合集体行为的结果,表征了一种新的可能,包括(暂时稳定的)人类和人工环境的结合。在这里,我们看到,代理人的应变能力可以影响惯例,并可以紧密联系他们可以涉及的进程。由此,人工环境可以区别程序是否执行,或者它是否完全被拒绝。

通过了解 D'adderio(2008)的述行和 SOP 的情况,从人类学角度观察人工环境和人实际表现之间相互的影响,这可以帮助总结规则和 SOP 的作用,以及如何选择和再创造"表演者"的知识和意图(图 2.6)。这提供了一个强大的 Hutchins 式的分布式认知的例子(MacKenzie,2006;D'adderio,2008)。因此,通过聚焦 SOP,D'adderio(2008,p.56)能够描述出述行的行为如何反映他们"相互作用的方向(即述行操演与反述行)"及"强度(即弱与强的述行)",最终,惯例的模式(或出现的某些偏离)将从这个过程中延展出来。

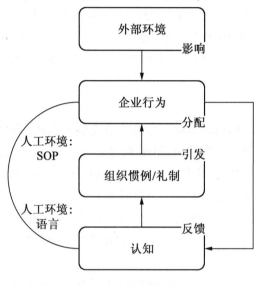

图 2.6 惯例的述行

在图 2.6 中,人工环境在过程中被添加。人工环境在这个过程中采用的符号表达式(即包括语言、图形模式、文本等)帮助信息进行传递和交换。为了促进认知人工环境的发展,研究框架的开发有助于促进和推动人类的认知。这项工作可以在不同的背景下对认知的产生提供宝贵的见解,研究在不断变化的实践和在特定的文化环境中规则的出现和再生过程。

人工环境嵌入的规则很少是确定的,人类并不总是选择绕过人工环境,但往往以一种特殊的方式盲目地追随他们的规定。这一决定是采用惯例的表现——礼制,作为理解混合集体行为的结果,表征了一种新的可能,包括(暂时稳定的)人类和人工环境的结合。

因此,通过对聚焦 SOP,D'adderio (2008,p.56)能够显示出述行的行为如何反映他们的"相互作用的方向(即述行操演与反述行)",其"强度"(即弱与强的述行)",最终,惯例的模式(或偏离状态)将从这个过程中延展出来。

2.4 企业行为:制度述行和组织述行

基于 Aoki 的制度模型,我们得出一个将制度述行和组织述行理论结合的框架。本书主张企业行为是内部产生的并且和外部战略的相互依存关系纠缠在一起,如图 2.7 所示。

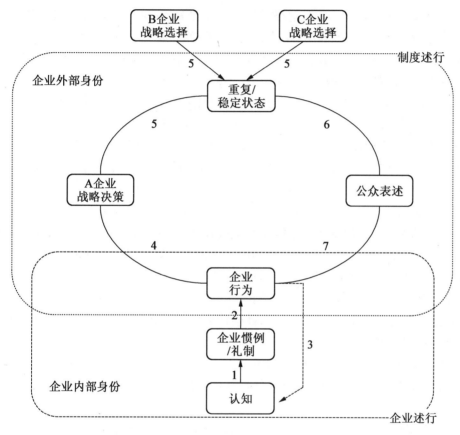

图 2.7 企业行为:述行的双循环

步骤 1~4:企业在这里可以被视为微观社会本身,并体现在整个过程中。企业内部(包括管理、董事会、工会、占主导地位的股东、顾问、分析师等)可以就如何在各种认知资产被部署、联合、激发和管理的问题进行探论和辩论。这将成为他们的集体认知,并进一步确定企业惯例和行为。这种行为导致的符号和信息走向社会(市场)博弈进程,而参与博弈的代理人将会参考他们的策略。这样的行动再通过象征意义的符号的使用确定个人的认知。

步骤 5:企业面对博弈的不同参与者(不同代理人、企业/机构,例如企业 B、企业 C)在动态环境中的博弈的挑战(在不同的环境中他们会尝试不同的应对战略)。这将形成一个暂时的稳定平衡。当社会博弈在企业外部被递归地演

绎，企业制度得以出现。而公众表述来源于对个体内部普遍认知资产的组织和产生的行为。

*步骤6：博弈的发展状态通过企业在不同环境变化下策略的调整而改变。*通过不断变化的状态产生的信息和符号指示在演绎模式下可能改变的方向（即使他们仍然是不确定的）。在这一点上他们依靠相关企业在博弈中的感知。

步骤7：这将导致重构新的"世界观"，以及认知在各个分区上的分布状态。

*步骤回到1，2，3：*首先，这种认知可能出现在企业内部个人的个体意识中，每个人都有自己不同的取向、性格，在他或她的不同经验下的认知资产的广度和深度。各企业还具有独特的组织惯例形式和组织不同的认知联系的方法。类似于人的自我认同和社会认同，企业也拥有自己的身份和个性。在这个意义上，它可以帮助企业回答"我们是谁？""我们从哪里来，我们要去哪里？"这将导致认知的管理设计（例如知识管理）。我们可以注意到在个人和企业的社会认知过程中，他们拥有相关博弈领域下来自共同的经历的相同背景信息。

*回到步骤4：*除了社会博弈，公开的争论从未停止。个人和企业仍然需要根据自己的行为和信念试验新的策略。因此，循环过程将继续下去。

企业通过在社交博弈中自己的发挥和相互作用引起制度的进化过程，因此其相当复杂并具有流动性。一个制度变迁不能简单地被设计、实施，或通过法律或由政府强制执行，它涉及其他代理人的认知和各种行为的不同组合。甚至当一个新的制度出现后，个人和企业都会有基于各自价值观的不同意见，他们肯定会尝试改变、采用和（或）挑战他们（企业社会责任与企业政治关系的案例研究将在第3章和第4章展现）。

因此，制度变迁包括两个过程：外部社会博弈的实际运行过程和内部自我的认知过程。不断的外部博弈运动状态需要总结通过个体内部的认知过程收缩共同信念。这些过程可能比第一个过程慢。因此，制度变迁过程通过时间和一个循序渐进的过程来约束。公司行为是由过程决定的，取决于企业内部的组织惯例和外部的战略的相互依存关系。

在外部环境中，西方世界的"理性选择"被看作是一种企业本质上身份转变的基础，而中国的儒家社会的代理人是一个典型的反例。虽然中国有发达的市场、足够丰富的禀赋资本和劳动力，以及大量的技术知识，但仍然没有出现"身份的大过渡"。因为企业缺乏基于对个人内心世界的基本张力的影响，这是早期新教资本主义特色的企业所拥有的。

本书的简化框架中提供了双向互动的企业行为模型，一个是与外部的社会行动者相连，而另一个是与公司内部成员相连。这有助于我们了解社会的博弈规则是如何形成和发展的，并熟悉在这一过程中企业成员的角色。为了获取稳定的、相互促进的社会秩序和对企业结构的影响，企业和企业成员贡献并分布他们的认知、知识等。如此一来，企业管理便成为一个相互配合的痛苦选择过程（图2.8）。

第 2 章 制度、企业和述行(一个企业行为的研究框架)

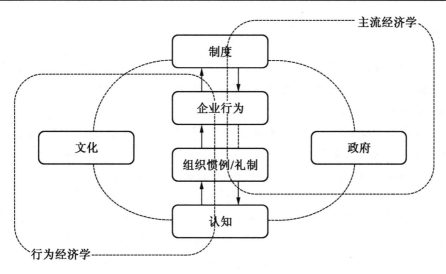

图 2.8 企业的双向互动

企业通过在博弈过程中自己的发挥和相互作用,引起博弈规则产生复杂变化,并引导制度的进化过程。在本书的简化框架中,提供双向互动的企业行为模型。一个是与外部的社会行动者相关,而另一个是与公司内部成员相连。这有助于我们了解社会博弈规则的形成和发展,及在这一过程中企业成员担任的角色。主流经济学试图创建一个统一模型,但市场利润最大化的理性选择也有认识根源的部分,并植根于行为经济学理论。

主流经济学试图创建一个统一模型,但资本市场财富最大化的理性选择也需要有认识根源和心理现实主义的支持。当本书试图澄清一个自由企业的特点、管理特性,以及他们的行为表现时,缩小这种现实和理想的差距也有助于将重点从理性经济学转移到更现实的行为和生态经济学中。

这样的认知和企业的治理结构模式往往也出现在中国的背景下。本书认为,在企业中,礼制的认知根源,作为一种被事先规定和阐述了的行为模式,是个体自发产生的,并作为中国文化的一种特质存在。在另一方面,这是有关权力如何通过创建惯例并将礼制在公司的正式或非正式的规则中实现的过程:在内部作为企业文化的同时外部作为政府的制度,在合理的市场下,这些制度似乎具有比理性市场更能符合某些特定的特征。这样的观察表明,中国企业管理特色在于企业和制度之间一个更有效的安排。这种内部—外部—内部的过程是述行的吗?接下来的两章将专门展开对这些问题的探索。

注释

1. 更确切地说,哈耶克强调,"具体知识指导任何组织中人的行动,永不存在于一个一致和连贯的身体中"。它只以"分散的、不完整的和不一致的形式,出现在许多人的头脑中(Hayek,1988,p.49)"。

2. 在股东结构以实现利润最大化的目标下,管理就成为股东的代理人。在相关利益者结构中,重视平衡经营者和股东的利益;一切相关利益者的利益应服务于社会。

3. D'adderio(2008,p.25)说,"MacKenzie(2006)的工作在于他研究精细识别不同类别符号对现实模型的影响:'通用述行'是指,当经济学(理论、模型、概念、方法、数据集等)是由经济过程的参与者所使用的;'有效性'是指,在经济学方面的应用对经济过程的影响;'Barnesian述行'是指,在经济学方面的应用使得经济过程更像经济学所描述的现象;'反方向述行'指在经济学方面的应用使得经济不像经济学描述的过程。这种分类对我们的研究特别有用,因为它导致了更细度的划分,可以更有见地地表述程序、规律和性能之间的相互作用。"

第3章 文化背景下的中国企业

制度形态的多样性基于各种不同的背景。在中国,制度的出现来源于在外部范围内博弈结果的平衡(依赖于不同的市场、习俗、政治、文化等),并通过不同的战略互动(中央和地方政府、企业、非政府组织)相联系。这些背景虽然相互区分但也相互协调。在一个多元的背景下,制度不会在不断变化的环境中遵循策略而自动地改变。制度变迁因此在各种环境中根据稳定的需要被约束和引导。这种演变过程,通过制度的形式为代理人提供有效的知识和礼制。

上一章构建的述行理论表明,企业的本质就是"以规则为基础的自治组织"。说到这,我们也需要注意到,企业也嵌入在不同的社会和政治博弈中,并处于不同的文化和技术背景下。如何使企业内部规则和这些社会规则相一致?面对这样的规则,企业行为应该是被动的还是主动的?是受社会规则的约束,还是根据自己的利益去适应?基于企业内部的文化背景问题将在第3章进行探讨,在第4章本书会检验企业外部的社会政治环境。

个人在加入社会互动之前有不同的价值和信仰,每一个人都保持自己的认知,以一个自我的方式做出决定。事实上,文化心理研究(Kuwabara & Yamagishi,2007)、社会心理学(Oyserman,2002)和神经语言科学(Herrmann Pillath,2009)提出了认知取向和行为的文化差异研究。然而解释文化的方法[1]仍有争议。抛开这个不同的公司面对的外部博弈的和内部组织结构设计的紧急问题,本书建议在这一章中,与组织相关的激励问题将从文化和礼制的角度进行探讨。

3.1 经济学中的文化问题

今天,在研究世界经济中不同的行为和表现的时候,非常普遍的重要因素讨论研究集中在解释制度的质量上(Globerman & Shapiro,2003)。为什么有些社会的制度比别的社会显得更好?路径依赖(path dependence)产生的历史变化基于不同的环境,并提供了制度差异的原因(Greif,1994,2006;North,1991)。制度的历史根源有助于解释制度的起源和演化(Greif,1994,2006;North,2000)。

认为文化会影响经济制度的观念至少可以追溯到Weber([1930]1992)。他认为,新教的价值观和意识形态帮助了西方资本主义社会的发展。一些韦伯的追随者也追溯制度差异的原因并将其回归到文化(Greif,1994,2006;Harrison & Huntington,2000)。为了识别文化,Hofstede(2001)曾调查在不同的背景下不同的企业文化并进行分类。然而,如果文化是在某些背景下制度差异的映射,我们又如何同时用文化解释在同一环境中不同的制度变迁?和认知、价值观、信仰和信念不同,文化已经被作为制度的起源加以研究,并特别应用于国际商业和管理学研究领域(Beugelsdijk & Maseland,2011)。

在确定文化作为"与制度相关的子集并与社会的集体认同"相关后,Beugelsdijk 和 Maselandturn(2011,p.13)追溯文化和经济发展的历史变迁。在《文化经济》一书中,Beugelsdijk 和 Maselandturn 论述了文化与经济思想原为一体,后来逐渐消失于经济学,只出现在过去几十年的经济理论中。文化是在古典经济学时期,从第 19 世纪开始的经济理论中固有的一部分。据他们介绍,亚当·斯密、马克思和德国的历史学派都认为:认知、价值观和信仰是人类的经济行为和社会发展的自然文化元素。古典经济学其后转化为一种通用的基于决策的个体理性选择理论。在 20 世纪的前半段,文化逐步被经济和经济学的外延学科诸如社会学、人类学等领域所淘汰。经济学成为一个没有文化的科学——就像 Lionel Robbins(1935)的著名定义——纯理性选择理论。

过去几十年文化被重新引入到经济学。这个过程经历了两个阶段。第一阶段:G. Becker(1970)将文化联系到理性选择分析中,并应用于其他社会学科领域。所谓的经济帝国主义,是明显的对非经济方面的经济生活的研究,如政治、社会、宗教、文化、家庭、爱好、非理性行为犯罪、法律等。第二阶段:R. Barro(2000)将文化通过外源性的偏好进行分析,使用复杂的变量应用跨文化比较的方法进行大量的实证研究。在持被怀疑态度的方法论被孤立的几十年来,文化被经济学家逐渐接受,因为如果没有行为规范和信仰体系做参考,在很大范围内关于人的那部分经济绩效的差异会被难以解释。在这个阶段,也出现了许多不同的路线。新制度经济学(New Institutional Economics)(D. North,1994)认为,文化是作为一种制度变迁的潜在约束("文化经济")。在另一个研究模型中,文化扮演一个剩余的解释变量。例如,对于一些新兴工业化国家如某些亚洲国家经济的非凡表现("文化和经济")的解释。最后,还有"经济文化"的方法。Clifford Geertz(1973)的观点认为,经济学中的企业行为取决于历史、文化等方面的因素。作者认为,这种方法在许多方面继续从传统的社会文化背景的角度分析经济现象,特别是在经济学和社会学的分离期间。

这三种不同的方法也提供了一个结合经济学和文化问题解决方案的方法论:如何使个体行为与群体结构的集体性质结合。利用经济文化的方法将所有的行为归为固定的结构,利用文化经济的方法将所有的社会现象归结为个人的经济选择。文化和经济作为第三种方法,以新制度经济学为例,将代理人和结构并列在一个单一的模式中,但是没有真正解释他们的相互关系。新制度经济学也提出了文化和经济的各种研究方法,如跨文化实验和来自 Hofstede 的价值观调查。

在这一部分中,本书引入述行理论和 Searle 的哲学思想,并试图联系企业的微观和宏观层面。基于当前的 Beugelsdijk 和 Maseland(2011)对文化和经济研究的评估,本书的建议是集中"文化"和"述行性"概念并同时借助 Searle 的理论。这可以用于解决长期存在的经济学问题。本书想用一个新的研究,在更广阔的背景下,解释制度的深层根源并讨论如何开辟新的方法论的问题。

3.2 文化、认知和制度

人们可以很容易找到相关的证据表明,制度选择依赖于一个社会文化行为的某种形式(礼制),认知从过去就深深地植根于文化。但如何使用这种观点取决于对文化的一种具体的定义和对制度背景的选择,只有这样我们才能开始了解文化与制度的共同演化。

首先本书介绍 Searle 的文化和制度的定义,其次聚焦于述行。Searle(1996,2005)将文化定位于人类居住和认识的世界中,并必须超越物理或生物的因素来解释文化。在最基本的层面上,认知是一种生物现象,它是由生物进化过程引起的,本身又与其他生物互动(Searle,2005)。Searle 认为,"我们有认知的生活是由我们的文化决定的,但文化本身就是潜在的生物能力的一种表达"(Searle,2002,p. 60)。"共享模式"与"集体意向性"的概念意义相近,它基于人类的社会和认知的生活。为了界定制度,Searle(2005,p. 41)认为,"从物理到社会的转变取决于集体意向性,在这个过程中对社会现实的实现起决定性的作用,并来源于功能函数的集体性,而并非故意施加的那些强制执行条例"。Searle 想表述什么意思呢?他提醒我们,钞票没有任何内在的性质或形态,它的使用价值在于是否被集体授予。Searle 认为,制度建立在一个宣讲方式上并带来了社会事实的存在,继而形成了制度。如果每个人都相信这些事实,并用于社会目的,制度就变成了真实的。

3.2.1 文化的认知方法

最近研究文化的认知方法(Di Maggio,1997)将文化作为认知方式的一套模式,它可以同时存在于在被观察角度的内部和外部。Strauss and Quinn(1977)把文化作为内部和外部现象的思想之间的"映射"。Nisbett(2007)提到

> "在最基本的层面上,意识是生物现象,它是由生物过程引起的,本身也是一个生物过程,并与其他生物过程互动。当然,我们有意识的生活是被我们的文化决定的,但文化本身也是我们的基本生物能力的一种表现。"
>
> ——*Nisbett (2007, p. 291)*

Nisbett(2007)场域依存性理论认为,认知和感知的基本过程并不是普遍来源于归纳和演绎推理。关注、记忆、分类和因果关系的分析在每一种文化背景下都不同。在对亚洲和美国的员工行为的研究后,他发现不同文化知识对于一个给定的认知过程或一个给定的域(场)的熟悉度来说,可能会产生一些更大的认知文化差异:根据人们的认知可能产生不同的行为方式,他们采用的策略进一步确定解决各种日常生活的问题。甚至当文化通过相同的认知模式传递到个人的时候,每个人可能都有不同的理解,做出不同的选择以及具有不同的表现。

本书认为,制度的认知根源被共同的信仰,和在博弈中代理人的公开表述(public Representation)共同支持。此外,这些认知计划必须在个体的人中分享,分享关于制度作用影响的相同期望。共享模式的概念(North,1994)和共同的集体意向性具有一些类似之处,被 Searle 定义为一个独特人的社会和认知的生活。这样的辩论给经济学家们提供了称

之为文化研究的"微观基础"。在经济学中,这种微观基础将协助建立内生偏好的框架(Bowles,1998);事实上,这种说法仍然不是最被广泛接受的假设(Mantzavinos,2001)。

3.2.2 文化和制度

为了将文化和制度理论相结合而建立一个宏观的联系,并探讨在何种程度上共同进化产生路径依赖(Bednar & Page, 2005),我们需要先回到第 2.2.2 节讨论过的 Searle(1995,2005)的宣讲方式。Searle 指出,制度以宣讲的方式带来社会事实的存在。从 Herrmann-Pillath(2011)的观点出发,他指的是集体意向性创造出每个人都有同样的信念的假想。

这样的真理/信仰是从哪里来的?一个论点认为,我们的行为取决于我们已经在过去做过的事情,在此过程中规范被逐步建立。在垂直的背景下(历时性),制度和行为随着时间的推移而相互促进,并有助于文化路径依赖[2]的创建(David Paul, 1985[2005])和对特别的制度的选择。Greif(2006)指出,"信仰是一种集体利益";这一点解决了文化如何由个人的行为决定的问题。一个典型的假设是,正式制度是由政府权力的改变产生的,而非正式制度是缓慢变化和内生的,并反馈信息给正式制度,导致路径依赖,使他们发生改变(Nisbett,2006)。Herrmann Pillath(2009)提到,非正式制度一直是对个体的次级约束,这有助于他们自觉约束自己的行为。

第二个论点基于水平的背景(同步性)。Greif(2004)指出社会结构是在社会交往中形成的行为的信念,同时也能进一步趋于稳定。例如,他解释了面对相同的经济问题时热那亚和马格里布的商人形成的不同社会组织是由文化驱动响应的。Bednar 和 Page(2006)进一步阐述博弈的同时性,在每一个博弈中采用不同的策略会将整个博弈系统进行优化,即明确考虑整体在水平背景下(同步性)基于个人任何一个时间(历时性)的完整战略情况。

这个角度有助于更好地理解理性选择理论,并将文化链接到个人被理性选择约束时的特定行为模式。这些约束可以是外部和内部的,也可以是垂直和水平的。Herrmann Pillath(2005)表明,外部约束条件最重要的例子是非正式制度,是稳定的通过自发的约束形成的。在这种情况下,文化被看作是观察从行为方面解释其概念的快捷方式,这样我们可以更好地分析并反向使用博弈论的理论支持。因此,"共同信念"约束个人行为,来自于行为的起源也来自外部的互动交流过程。

本书认为制度帮助产生了多重均衡的意识,文化也影响平衡产生的过程。在这一点上,认知资产被视为一种个体到群体的共享文化,同时受到制度变迁的影响,也塑造了他们的思想和信念。因此,文化嵌入的制度,采取"不冒犯任何人"的默认策略(和喜好、价值观相连并鼓励和促进人们使用它)是最好的政策出现的方式(Toshio,2007)。

3.2.3 文化的述行

在前面的章节中,本书认为文化可以作为理解制度的双重性的原因和分布式认知来源。现在让我们从 Searle 的述行概念把它与文化和制度的规范性理论相结合。与 Searle 的理论一致,本书认为文化是"意识"的一套认知元素、惯例、集体意向性等。在我们的讨论中,文化不仅仅是历史遗留下来的,也在个体创造力应对认知元素或"公众表述"中产生,并试图应用在社会中实现其战略互动(Herrmann Pillath,2011)。随着述行理论的发展,本书发现文化为人们看到的博弈安排方式:从如何相信这些结果,到如何将因此产生的行为和他们将如何使认知资产反馈到制度变迁中的过程。通过这样做,本书将本章前面提到的文化基础上的述行理论在微观与宏观这一概念上加以区分。在这个意义上,文化可以是一个行为模式和一套认知、价值观、信仰和礼制,并同时通过外部条件,如某些制度,或内在的价值观和信仰形成(Herrmann Pillath,2011)。

我们怎样才能用这种对企业行为的分析方法进行经济分析呢?建议根据我们的企业行为的框架分析这些动态行为(和述行理论相连,述行概念请见第2章)。通过认知与制度之间的区分,能够利用集团结构下的集体性质将当下个人行为与文化背景的差距连接。

用于在制度认知因素的理论研究方法一直强调,企业行为还取决于不同代理人的认知或心理模型之间的协调,这种协调逐步建立了制度。如果它在创造社会事实中的一个动作就是"表演",它也是由这个动作隐含的意义(最近被应用于组织理论中)表达的(D'adderio,2011)。企业行为的连续性可以通过一定的制度性解释,也可能指向某些内源性动力的认知影响。据 Herrmann Pillath(2005,p.5)介绍,"制度需要通过社会互动中规律的支持,因此有自己的一个认知根源"。此外,Herrmann Pillath 提到这些认知模式必须是由集体来共享,并帮助他们创建制度行为,得到相同的期望。这是一个特定的行动原因,并导致了行为方面的结果,但同时也明确表示了代理人的身份。为了表示认同,认知的资产必须公开表示,从而降低了决策博弈中选择的差异。

现在在"公众表述"的视野下,文化既是集体的认知,其反应和行为也反馈给制度演化的过程并予以改进(Herrmann Pillath,2011)。现在将在文化基础上的述行理论从微观与宏观这一概念上加以区分并展开行为和认知上的讨论。通过这种区分意味着,本书能够将个体行为与群体结构的集体属性相连接(图3.1)。

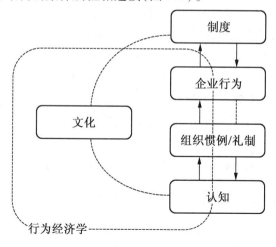

图3.1 文化背景下的企业行为

文化是集体的认知,也来源于在人们从这些博弈安排中获得的感知,他们的反应、行为和反馈作为组织惯例和礼制,形成企业的行为进一步参与到制度的进化中。这也是行为经济学研究的重要部分。

3.3 当代中国的文化案例

事实上,对在20世纪中国发生的巨大变化的辩论中,文化起着至关重要的作用。在中国背景下的文化应该有许多不同的要素,如企业文化、政治体系、当地的习俗,在不同地区的礼制。文化已在近年来的经济学领域备受关注(Mintzberg, Ahlstrand & Lampel, 1998),文化也被视作在中国过去几十年来一种具体的管理方法中的主要变量(Warner & Joynt, 2002)。现在,基于文化背景,本书将进一步在中国的情况下发展自己的分析框架。

3.3.1 从文化到意识:场地依赖

从制度经济学角度出发讨论认知模式,文化在企业行为的分析中起着重要的作用。然而,有一个缺乏关于具体认知模型如何在文化背景的细节上进行实际工作的方法。

在比较中西认知方式的过程中,中国文化可以追溯到根本性的认知结构的分歧上(Wilson, 1981; Bond, 1991; Ji, 2000; Chen, 2005)。在这些比较认知研究中,认知机制的文化差异一再被讨论。研究结果与更抽象的认知模式结合,这些讨论被总结成"场地依赖"(field dependence; Nisbett, 2003)。

Nisbett(2003)和他的同事(Nisbett, 2003; Nisbett & Al, 2001)探讨人的文化背景如何影响最基本的认知过程集合:学习,因果推理甚至注意和知觉。Nisbett 和 Masuda(2003)发现,中国古代的思想具有整体性。这意味着,中国人更倾向于组织并面向家庭。本书指出中国拥有多重的、关系复杂的大小家庭、村庄和地区。Herrmann Pillath (2007)指出,在农村地区的这种相互依存关系存在于宗教中的许多传统习俗的复兴中,体现在亲属关系和社会关系的结合里。在社会中相互依存的家族也会一直向外发展,试图协调它们与其他人的关系,并同时最大限度地减少社会摩擦(Herrmann Pillath, 2011)。胡适认为,儒家以人为本的理念不能单独存在;所有行动必须在人与人之间的相互作用中形成(Hu, 1919; Nisbett, 2003)。正如哲学家 Donald Munro(1985, p.17)指出,"东亚人了解自己在整个关系方面,如家庭、社会、道德原则,或纯粹的意识的联系"。因此, Herrmann Pillath (2011, p.20)总结说:"场域依赖下的认知表现出较强的背景对个体的影响,并强调个体相互的关系性质与分类。"这属于与此相对应的集体主义与分类集体主义的关系范畴(Ji, 2004)。从认知的场域依赖出发,本书链接文化与在中国背景下行为的认知根源。

3.3.2 制度与文化的连接:二元论和分裂法

North(1990)的意识形态理论提供了在中国背景下文化与制度之间的关系分析。North 强调意识形态作为社会认知,源于制度变迁中一部分自治的作用。在中国,思想来源于在文化框架下的一个系统的体系。Herrmann Pillath(2004)提到,正统和非正统的概念对学者们来说仍然非常重要,因为这些可以帮助他们去描述"封建时期国家的儒教意识形态和流行的亚文化之间的特殊关系"。在经济上,由于商业的发展,城乡之间出现了不同的文化边界[3]。地方文化在特定环境中的出现,使路径依赖更加稳定。它同时积累经验和确定实践带来的变化。在中国,当地的文化也与当地社会直接相关,因为当地的商业是建立在村落中的亲属关系和一个血统为基础的股权结构中(Tsai,2002)。在这种情况下,非正式制度从而与社会规范和社会结构相联系。在旧中国,因为拥有庞大的人口,意识形态是政治权力寻求解决的一个重大问题。即使在今天,它仍然代表政府的专属权力。这种城乡文化的多样性在政府的管理上显得非常复杂。在当代中国,这种对文化多样性的焦虑给中央权力增加了一个越来越紧张的面对局部信仰差异问题的思考(Herrmann Pillath,2004)。

这样两种截然不同的地方主义成为文化的二元论,农民需要从地方政府和中央政府得到更多的保护[4]。为了将文化和分裂的制度相连,政府采用地方分权政策和联邦模式[5],地方主义在不同地区正在成为一种重要的经济机制,满足中央权力的强度并促进地方经济的发展。该模型集中在对中国文化的二元性的保存上(企业和政府的互动的实践将在第4章中详细讨论)。然而,这一政策只能被看作是一个准联邦制,包括非正式和半正式的联邦制度(见第3.4.2节)。通过当地中小企业融资状况与区域性偏见的比较(Guo & Yang,2003),财政再分配起着非常有限的作用。这说明,中央政府往往通过一些手段如区域竞争政策和分散的财政政策影响地方财政体系,所以一个完整健康的联邦制度并不存在。

Herrmann Pillath(2011)确定了分散的地域性联邦模型是在中国文化背景中解决意识形态问题的一个重要方法。他认为,地方主义是正统、非正统制度的折中表达。地方主义是中国文化思想的根源,植根于所谓的"中国的实用主义"。而地方主义是文化在制度分裂中的反映(图3.2)。这很容易以Duara(1988)的"权力的文化网络"概念解释。地方主义进一步提高了中央和当地各级政府层面的地方文化统一性(Herrmann Pillath,2011)。

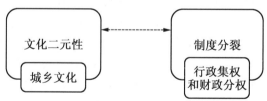

图3.2 文化二元性导致的制度分裂

地方主义是文化在制度分裂过程中的反射。为了将文化和制度分裂相连,政府的地方分权,准联邦制模型(地方主义)在不同地区正在成为一种重要的经济机制,满足中央权力强度和地方经济发展需要。该制度模型保持了中国文化的二元化。

3.3.3 礼制:关系和制度、认知的链接

1. 关系简介

在中国,场域依存和地方主义的概念在商业行为中被表达为礼尚往来,这是关系的另一种描述(Herrmann Pillath,2011)。Herrmann Pillath(2011)指出,"关系"指的是在特定情况下的适当的行为规则(礼尚),用以保持和发展互动关系(往来)。礼尚往来是礼制的源头,这也是礼物的另一种解释。交换礼物表达送礼者和接收者之间的特殊关系,并包含一定的意图。这些礼制提供行为的理由,这又被公众所认同。在交换礼物后,送礼者和接收者通常共享相同的身份。这与来自同一区域的背景类似,但最重要的是,这也关系到家庭的背景(场域依赖)。即使在今天,关系涵盖在城市和地区中每个人日常生活的许多方面,如住房运输、医疗和更好的学校教育等。家族的重视也加强了人们对邻友与非亲属的关系。这些网络包括通过彼此熟知的人群(以前就业的单位、上过的大学、拥有的军方或政府门路)创建虚拟拟亲属关系。在中国每一个人都这样不断地占据着不同社会领域运动的关系网络。在城市生活中,关系治理下的商业行为提供了信任和忠诚。如果生意人认识的同伴属于虚拟拟亲属关系中的网络,那么生意就由于长期合作关系的存在而可能被促进。随后,它包括可能的合作伙伴之间的资源共享。例如,核心管理团队,无论是在私人或国有企业,这个团队还常常包括家庭成员、老同事、好朋友(Kao,1982)。

因为具体的社会关系与所处的时间和具体地点相关,关系也被中国的地区主义现象所影响。正如本书在第3.3.2节讨论的,在中国的政治经济中,地区的特殊作用一直被强调,并取得了"准联邦制"的典范作用(Qian & Weingast,1996)。在 Herrmann Pillath(2011)看来,关系作为中国人的社会联系,是地方主义的一个组成部分,又是一个中央与地方互动下的制度改革的特殊安排和变化的结果。Smith(1997)也指出,中国的公司治理的具体形式是由文化嵌入的,在某种意义上关系提供的一个环境下,相互通过不安全的财产权利维护和执行。"关系",建立在长期的相互作用和相互信任上,可以产生一种法律的替代品以保护私人的财产(Baum & Sevchenko,1999)。

虽然"关系"可以解释在不同的时间下的中国社会不同的互动,人们仍然可以追溯其在传统哲学中的根本意义。King(1991)将关系视为儒家思想核心的重要组成部分。儒家的根本理念指出中国人应该活在与他人的关系中。其中最重要的关系被称为五伦:统治者和平民,父子,夫妻,兄弟,朋友。因此,现代中国社会也仍然是关系导向的(Redding,1986)。五伦的另一种意义是保障社会秩序的稳定。在阶级差异中,成员保持不平等的权利和义务;在水平差异中,一个人必须在一系列的同心圆中心活动(Redding & Witt,1986)。在家庭中,人与家庭成员、宗族成员、亲戚等保持联系,每个人都有自己的地位和责任。五伦也作为道德原则约束当事人的行为。

儒家的关系型社会让每个人都知道自己的社会地位,人们很容易找到他们的义务和责任。人们还需要定义、解释、发展自己的关系,并置身于其中。从这个意义上说,儒家思想有助于建立社会沟通和引进关系。

在目前的资料中发现,"关系"已经在不同的研究中开始被关注。第一个研究方面说明,"关系"是一种特殊类型的人际交往(Tsang,1998)。不同类型的联系指不同层面的相互作用。第二方面涉及"关系"的目的。Huang(1987)将关系分为三个层次:社会情感、工具关系和混合关系。社会情感意味着家庭关系(感情);工具关系是指资源交换(商品和服务),并指熟悉在市场上买家和卖家之间的联系(人情);混合关系具有道德情感和物质利益两部分。Yang(2001)提出各类涉及物质和感情的交换关系可能会有所不同,这取决于关系的程度。另一方面的观点也涉及网络视角下的关系。Alston(1989)解释说,在网络层面的关系维护会巩固社会秩序,使得法律制度难以执行。第三个方面从社会资本视角下界定了关系。Gold(1985)指明在中国社会涉及关系活动的腐败现象。Tsang(1998)认为它是一种社会资本并有助于获得竞争优势,提高经营效率和降低交易成本(Davis,1995),并建立政治关系(Jacobs,1982)。

在这些意见中,关系的类别、类型所处的位置被进一步确定,但它是如何在时间上开始、发展和改变的却不明确。尽管关系在文献上有很多差异,但一些中国本土化的概念应该被认定为构成关联的维度。

2. 关系和礼制

在一个迅速发展的转型经济中,制度变迁成为中国经济和社会进步的本土特征(Wank,2002)。根据Bourdieu(1986,p. 248)的观点,"关系"是实际或潜在的资源的集合,与一个持久的制度化的网络相联系,并且相互认知,换句话说,关系提供了它的每个成员对集体资本的支持,以及各种意义上的"信任"。同时,"关系"也作为面子和人情上的资本符号存在(Hwang,1987)。

这些关系的重要体现方面也延展到"中国本土研究"(Yan,1996)中,因为它是基于我们共同的兴趣、权利与利益的。基于对明朝的研究(Clunas,2004),许多学者(Yan,1996;Kipnis,2002)揭示今天中国乡村中关系是如何运作的。关系变成礼制并和农村中的人际互动相连(Fried,1953)。Redding(1990)在他的书《华人资本主义精神》(*The Spirit of Chinese Capitalism*)中聚焦了中国的社会遗产——网络,描述了它是如何在当地的商业活动中形成的。Hamilton(1989)将商业网络实践描述为"关系资本主义"。Yang(1994)将关系以及儒家的讨论相连,并建立在以我们的礼制为基础的社会中心网络中。如今很多本地企业家经常试图利用它的网络和地方政府官员交流。这给关系提供了更多的空间和机遇(Sui,1995)。

中国的经济在农村地区和关系紧密相连,并继续体现在许多传统的宗教、社会关系和亲属关系上,得到实践的验证。由于缺乏完备的可执行的制度和法律,私人和国家所有权的行使可能变得低效(Herrmann Pillath,2010)。当地的商人不得不依靠地方政府克服金融和投资的问题。在这种环境下,关系可以强制保证相互的安全(Smyth,1997)。许多企业在私有化过程中必须继续参与到非正式关系的网络建设中,如与当地政府的网络联系等(Fauer,2006)。因此,关系仍然建立在长期的信任基础上,并且仍然作为法律和制度下的礼制得以操作。

在此基础上讨论中国的情况,我们可以得出这样的结论:文化来源于一组行为模式,发展于场域认知、地方主义,在一定的价值和信念的背景下产生,并且也同时发展为一定的礼制和非正式制度。关系本身是一种社会认知的意识形态,他们引起并稳定了路径依赖产生的社会现象。

3.4 文化述行的两个案例

本书在"中国文化背景"下运用这种研究企业行为的方法分析两种强烈的述行实践:企业社会责任(corporate social responsibility, CSR)和企业文化,并对比在这两个案例中中国和西方企业家的创新行为。本书认为这些行为的礼制述行体现在两个方面:企业述行和制度述行。在第一种情况下,关系作为今天被礼制化的网络,特别影响与其密切相关的商业活动,往往被视为一个快捷的处理中央-地方权力的工具(Yang,1994),并尤其在城市地区得以更大的体现(Rühle,2011)。在第二种情况下,中国传统哲学思想在文化的背景下区分和识别企业团体,并在 Searle 函数下保持集体意向性的基本状态(Herrmann-Pillath,2011)。

3.4.1 关系礼制(利、义)和企业社会责任

一项新的法律规定要求上市企业发布"承担社会责任"报告。自 2006 年以来,深圳证券交易所要求股票上市的公司公布"企业社会责任",并发布了相关的指导方针,表明中国已经开始从政策的角度引导挂牌公司进行社会责任信息披露。虽然股东、政府、社区、居民、供应商和其他外部利益相关者比以前更加关注企业社会责任,但由于越来越多的企业违规行为的出现使企业社会责任建设目前面临着巨大的困难和挑战。企业社会责任信息披露的有关内容,在结构和质量上存在很大的随意性。尽管新颁布的法规对利益相关者的企业社会责任报告存在高压力,但很少有公司愿意披露他们的信息。从公司法修订至今,还没有出现对不发布报告的公司的明确处罚规定。直到 2012 年 5 月根据国资委的报告,只有 7% 的新股票上市公司报道了社会责任信息。本书的案例可能有助于了解为什么法律上没有明确对未披露公司处罚的原因,更重要的是有助于揭示那些主动披露 CSR 信息的公司的意图。

本书认为,这种矛盾心理反映了文化的嵌入功能。许多研究者都强调中国文化对其组织的管理方式的影响(Pye,1985;Locket,1988;Redding,1990,2002)。儒家在长时间内占据了中国哲学思想的主流地位。概念如礼仪(礼)、忠诚(忠)、孝道(孝)、友爱同情(仁)、利益(利)、责任(义),连同其他的价值观,都包含在中国传统社会的道德秩序中,也包含在企业和组织方面的衔接中。在当今中国也充满了诸多对建立在封建社会的哲学和文化基础上的道德法律的评判。

利益(利)和责任(义)是中国古代道德理论的重要概念。利可以被看成为效益和利润,而义代表社会责任。千百年来,古代哲学家们反复讨论这些问题。法家允许利益比责任更重要("贵利轻义");道家对利和义的态度并不明显;墨家指出,利和义一定要统一;儒家主张义应该放在利益之前("重义轻利")。此外,儒家认为,义可以控制利("以

义制利"),这意味着承担责任,也能带来效益和利润。一个人首先要对家族和宗族负责才能获利("义以生利"),这是基本的和重叠的家庭生活的目标。利和义之间的联系已经影响了几千年来中国的商业传统,这样的思想深深地嵌入在人们的日常实践以及企业文化中。在缺少系统先进的法律程序的时代,儒家政治哲学引导理性重建[6],指引中国社会的个体行为。因此,义导致利("义以生利")说明了责任会带来利润,这成为社会和文化行为的共同信念,并成为企业社会责任信息披露的礼制理论背景。对中国大多数民营企业来说,企业社会责任是随着利/义结合的文化现象紧密相连的。因此,"义带来利"成为一个合适的战略选择,指导企业的行为。例如,企业把捐赠当成企业社会责任行动。这意味着企业一部分的剩余收益仍然是由当地政府所支配,但可以促进与当地政府的关系,企业会因此得到政府青睐。民营企业也可能贡献"义",即基础设施项目,这虽然可能导致极大的损失,但因为他们期望得到政治好处"利",期盼在未来地方政府可以给予他们更多的项目。更具体地说,中国企业执行所谓的"社会责任活动"是为了加强与政府的关系,行使他们的"责任"(义),并改善他们的公众形象,因此有可能减少政治成本,增加企业利润(利)。

基于述行的观点,这种现象反映了文化的嵌入功能。"关系"作为场域依存性的认知,强调个体间的关联属性,对其背景下的企业产生了较强的影响。接受"义带来利"的博弈规则,让每一个公司都想当然地认为它们对自己有益,并理所当然地出现在所有博弈代理人的战略选择中,并达到一个重复的状态平衡。基于这一信念的企业选择和政府的互动一起被确认,从而形成一种非正式制度,变成了中国的一个特殊的企业社会责任的实践。从行动到信念再从信念到行动的重复过程中礼制趋于稳定,这也可以被看作是一个企业和中央政府、地方政府和其他企业博弈的一个平衡状态(见第2章)。虽然新颁布的中国公司法要求企业"承担社会责任",许多公司仍然没有执行这一规定。本书附录的案例研究将有助于进一步解释为什么企业社会责任活动不能在中国成功实施的原因。

为了证明本书的假设,本研究对上市公司企业社会责任报告进行了分析,并试图找出其根本原因。首先本研究构建了一个基于全球企业自发的社会责任信息报告披露指数(GRI)。利用指数法,分析了120个从2007到2011年中国300强上市公司企业选出的社会责任信息,进而探讨企业社会责任信息披露活动的决定因素。研究发现,披露原因和政治成本理论一致。企业披露社会责任报告信息旨在降低潜在的政治成本,加强与政府的关系(增加义),这样能达到增加利润的目的(增加利)。社会责任被理解成为企业"先义后利"的途径,而这种信念创造了企业的礼制行为。基于这一信念的企业选择和政府的互动被集体确认,从而形成一种非正式制度,并确立了"义带来利"的博弈规则。本书建议从政府和社会制度的前景和实践方面提出对中国企业社会责任信息披露现状的相关政策建议(见附录的细节)。

3.4.2 企业家创新和企业文化

近年来,许多研究表明,中国管理和企业文化的基础来源于传统的社会和文化基础(Shenkar & Ronen, 1987;Lockett, 1988;Redding, 2002)。许多学者都强调文化对组织管理的影响(Pye,1985;Child & Warner,2003)。Yang(2005)总结了中国企业文化的特点,认为中国传统文化深深植根于中国人的心中,这使公司始终注重人本主义和关系的元素。Liu(2006)认为除了儒教和道教,中国企业也受许多其他各种管理思想的影响,例如兵家、法家主要集中在探寻军事战略中和谐共存的道路。这些理念已经成为中国企业管理的基本原则。Lee(2008)甚至直接宣称,中国传统文化本身就是中国的企业文化。

这一文化现象也可以在我国和西方企业文化的调查中发现。本研究比较了国外学者与中国学者的企业文化的分量表(见附录3.2),发现中国和西方的研究观点总是涉及五个元素:顾客、员工、团队、创新、企业家。我们也可以观察到许多差异。西方学者更注重战略、员工、客户和制度结构、机制;中国学者的重点主要在企业的社会责任、和谐、稳定。与西方学者的研究表进行比较,从结果看来,西方以法律法规的原则为基础来维护和调节企业利益,而中国企业哲学往往局限在一定的在企业内部的集体认知上。

本书的文化概念可以作为集体认知的方法能够解释这种现象。儒家学说在中国生活的各个领域起到非常重要的作用,并创造集体主义观念,因此这一概念对集体决策具有重要的意义。在这一背景下的集体主义观念也对在中国企业组织内部的业务开发,管理决策和维护伦理的过程起到重要的影响(Tumasjan,2010)。据Zhou(2012)的观点,中国文化似乎更多包含自觉遵守的道德,并维护以及丰富传统的观念。

中国企业家发现自己的企业正持续和快速地融入到博弈中。在企业内部,中国企业家运用精神力量和中国文化以及语言的结合与企业利益相关人沟通,并寻求企业员工对企业愿景的理解和承诺。中国传统文化强调个人责任,道德承诺和家庭为单位的社会和商业的作用。传统思想的学者,认为管理者、股东有助于建立共同的认知和企业成员共享的价值。集体主义观念的最重要的贡献在于商业过程中的业务和管理决策,和企业组织内的道德的统一(Tumasjan,2010)。这些伦理管理的做法,包括各种道德实践、管理者和员工之间的良性沟通、互相提供完整和准确的信息(McDonald,2011)、形成认知信念等。如今,传统的道德和哲学再次成为中国企业家热烈讨论的话题,他们的那些对企业价值观和管理风格的关注反映了中国古代文化与当代企业利益的一致(Rolandberg,2010)。

管理者对员工和企业自身的期望(企业家的创新)成为自我实现的过程。对未来企业发展和管理与文化信息结合的期望使得那些最初具有这些梦想的个体行为成真(Merton,1968)。换句话说,企业家相信一个传统文化并努力让其他所有的工人都具备相应的信仰,然后将对应的认知和每个人的期望达成一致,并由集体的行为完成。在这个意义上,它成为公司的惯例和礼制。企业将这种行为作为一个"述行"的企业版本,意味着企业创造了被分析的现象(Biggs, 2009)。本书还注意到,为了避免员工的不良反应,中国企业家往往避开了西方价值观中如工人的自由和公平开放的观念。相反,为了促进企业家的战略,在全球市场中,企业自身的英文网页使用另一种企业文化。这说明了中国企业的双重企业文化[7]的培养,旨在故意统一内在认知的资产和对外的博弈战略。

如今,大多数出版物将中国传统文化与企业家管理相互链接。在许多中国机场的书店内,太极管理、周易式管理、"水煮三国"、中国的儒家管理和中庸管理之类的书籍很容易被找到。在浙江大学的儒商研究中心,那里的研究人员希望研究知识的自我定义、公众形象、社会功能、价值取向,并通过多元化的理解进行对儒家企业家领导风格的再次定义。该中心旨在探讨家族企业创业创新、儒家思想资源、商业道德、东亚特色的管理风格、传统文化与现代领导等。在历史背景下,浙江商人注重地域风格和家族发展前景,徽州商人(徽商)、山西商人(晋商)、潮汕商人也都强调家族的荣誉,增强集体凝聚力,这些也成为研究者关注的焦点。

述行模型的企业可以看作是社会本身的微观世界,在那里各种认知资产被部署、结合、激励和管理。多样性不仅包括企业家的创造性,也与大股东价值、工人、工会、顾问、分析师、管理者等息息相关。通过组织各种认知资产,企业就可以根据他们的策略向整个社会传递符号信息(一个失败的例子是不健全的企业社会责任披露制度导致个体企业追求稳定的政治关系的行为),同时本身也具有独特的属性和身份(例如,企业文化)。最后,企业会意识到通过与其他代理人的相互作用对社会博弈的演化态模式也会发生改变。这将导致他们代表和执行的自我价值观的重新配置。正如本书前面所讲述的,中国的文化被定义为中国社会已经积累和继承了的常识,为企业家创新提供了中国企业的认知礼制。

3.5 结 论

令人惊讶的是,在当代中国制度仍然被传统的中国礼制文化模式所控制,强调对自我信念的相对收敛性。这可以是,中央控制和地区传播文化对同一个个体的不同的解释(Watson & Watson,2004)和企业文化通过企业家的创新过程的体现。这个礼制的创造性张力在正统和异端之间(中央和地方文化,农村与城市文化,集体主义/关系,中西企业文化创新等)似乎可以作为现代中国式企业管理实践的最基本的特征之一(Herrmann-Pillath,2010)。

现代中国的文化二元论源于过去的传统对现在造成的影响。礼制提供合成的研究框架,作为集体主义思想的代表,也是企业的商业行为下的认知资产。这些模式构成了中国社会资本的重要组成部分,已被确定为不同的企业行为的核心推动力(Herrmann-Pillath,2011)。因此,本书认为中国当代企业绩效和文化礼制紧紧相连,其中和路径依赖、场域依存、集体主义密切相关(关系),也在某种程度上重新鉴定了企业家创新精神,并都植根于传统。然而,这不仅仅是一个过去的缩影。企业的今天也将礼制作为传统的认知资源并继续塑造自己的未来。

根据述行的框架,礼制不仅是遵循企业文化的内生性的内部规则(企业家创新),也是企业参加任何博弈的唯一外生条件。企业为了共同在一个自我维持的环境中生存,他们把信仰也作为他们博弈选择的结果,源于当地政府机构和企业均衡博弈的平衡,并作为实质性的依据进行总结式的公众表述。文化嵌入的制度,地方性、农村和城市的多样性,企业和政府之间的关系和企业社会责任活动等这些社会规则/制度由文化认知的根源内生创造,成为礼制,并成为企业决心保持的企业战略,与不同的组织、代理人等进行相互作用,从而产生了维持制度平衡的博弈行为。

注释

1. 提起文化,在这里本书是指许多不同方面的认知和行为技能、集体主义、关系等(这个文化的角色可以在 Greif(1994),North(1991)和 Pierson(2004)的论述中找到,其中有部分将在下面的章节中给出)。在目前的讨论中,文化被视为"公众表述",试图在社会互动中起到战略意义。在这一章中,本书认为,文化是一套认知、价值观和信仰的行为模式,它可以被外部条件(如某些制度)和内部的因素共同作用。

2. 路径依赖的概念基于这样一个想法:在进化过程中一个小的初始优势或一些小的随机冲击可以改变历史的进程(David,1985)。与此相关,文化已经被看成作为制度变迁中路径依赖的一种可能机制(Page,2006)。

3. Herrmann Pillath(2005,p.12)讨论说,中国农村文化深受传统价值观和非正式制度影响,因为共产主义转型只是表面上改变了传统文化,但并非在传统社会结构上予以根除。因此,在改革后我们可以观察到传统中国文化的强劲复苏势头,然而,这也具备着相当大的空间上的多样性,以及如南方和北方之间区域差异性。他说:"城市文化对社会主义现代化建设影响较大,特别是'文化大革命'后。随着国有企业部门的缓慢转变和独生子女政策的出台,对于维护社会主义文化的结构性的要求仍然存在,直到 20 世纪 90 年代中期,这种文化的变化源于消费主义并作为改变生活方式的主要力量。这种结构的变化是直接对政府政策的支持。"

4. Herrmann Pillath(2005,p.12)也认为"这是一个奇特的以并行形式出现的封建制中国,一方面是以传统宗教的象征性出现,一方面以被中央性控制的信息和数据,由地方自治统计操作为表现存在的,这才恰恰正式提出了一个统一的集合方法和结果"。

5. 为了解决文化的二元对立问题,中央政府对地方政府下放一部分行政和经济管理权力。地方政府被指定负责扮演一个相对独立的角色(Chen &Li,2005)。官员晋升激励制度加剧了地方政府之间的竞争。在当地,对国有企业原有的管理所有权和控制权转移到地方政府手中(如地方产权制度)。中国的"财政分权与政治集权"已对当地的经济环境、国有企业和民营企业绩效产生了深远的影响(Guiheux,2006;Li,2006)。

6. 理性的重建与韦伯的理想类型的概念类似。韦伯在现代资本主义理性的概念引导我们进行对述行性本身存在的分析。

7. 海尔的中文网站包含很多详细的对于员工的思想、企业文化理念和宣传价值的说明。英文版却忽略了在中文版中所提到的"哲学",只是一个非常简单的对企业文化的表达,它提及海尔对创新的承诺,对公司的未来前景的展望。

   Chinese Version:http://www.haier.net/cn/about_haier/culture/

   English Version:http://www.haier.com.au/CorporateCulture.aspx

   同样,Suning 电器,一个中国 500 强企业的企业文化的描述,也具有中文和英文的网站版本之间的显著差异。中文版,优先提及家人和朋友、同事,家庭气氛,交流,品格第一,以及真诚、诚实、守信和温暖。英文网站的企业文化只集中在苏宁的永不放弃的精神上。

Chinese version：http://www.suning.cn/cms/companyculture/index.html

English version：http://www.cnsuning.com/include/english/C-jianjie.html

如海尔、苏宁一样,三一集团作为中国电子一百强企业,也更强调诸如人的思想、道德标准、企业理念等企业文化,这包括:自强不息、报效国家,做一个值得信赖的、忠诚的人等。英文网站的企业文化只是封装在一个单一的短语中:"品质改变世界。"

Chinese Version：http://www.sanygroup.com/group/zh-cn/about/culture.htm

English Version：http://www.sanygroup.com/group/en-us/about/culture.htm

康佳素有"广东企业文化的摇篮"之称,这作为一个公司的驱动力,实现了快速发展。康佳的中文网站的企业文化认为,人的价值和企业价值要一致,并收录了包括各种活动、照片、新闻剪报与员工谈话。其英文网站根本没有提到企业文化。

Chinese version：http://www.konka.com/cn/AboutPage.aspx?type=about_qywh

English version：http://www.konka.com.hk/

附录 3.1　企业的 CSR 行为

政治成本理论认为,企业社会责任信息披露的动机来自于政治压力的考虑,如税收的压力,或从社会和政治环境所产生的其他成本(Belkaoui & Karpik,1989)。管理者要考虑政府不同的政策和平衡各方面的利益,降低成本(Field,2001)。本书讨论这个理论是否适用于中国特殊的制度背景下中国企业社会责任信息披露行为。

一、假设

公司的各种变量是披露活动的重要的决定因素(Cormier & Gordon,2001;Meek,1995)。本书认为,不同企业的具体因素对每个企业应对的政治成本压力的程度不同。本书用所选取文献中确定的这些变量来衡量企业社会责任信息披露决策的潜在决定因素。

规模(size):委托代理理论认为,大型企业由于所有权与经营权的分离拥有更多的代理成本。与小企业相比,大型企业需要筹集更多的外部资金来维持自己的发展。为了讨好股东,大企业因此愿意披露更多信息,并且可以减少由于信息不对称产生的代理成本(Alsaeed,2006)。一般来说,大型企业更容易关注相关政府部门,面对来自政治和制度更多的压力(Brown & Deegan, 1998),政治成本变得更加敏感,并因此愿意披露更多的信息(Knox,2005)。一些实证研究(Adams, 1998; Patten, 1991)已经证实,大公司会使用他们的企业社会责任报告作为一个公共关系管理工具,建立良好的企业形象。Waller(2009)在研究了 2004 年世界最大的六个广告公司的年度报告后分析,增加 CSR 披露是公共关系的一个重要的战略工具。Ullmann(1985)也发现了一个积极的趋势,大企业倾向于缓解大利益集团与政府的冲突并披露更多的社会责任信息。大公司更倾向于使用正式的渠道,与政府进行沟通(Qiu & Xu, 2006);对于一些规模较小的中国企业来说,CSR 成本太高,有时成本高于最终产出。基于上述讨论,本研究建议:企业社会责任信息披露与企业规模正相关。

1. 企业社会责任信息披露与企业规模正相关

成长(growth):企业成长反映了企业的发展。增长显示了公司创造更多的财富的能力。与低增长公司相比,高增长公司将很容易引起政府的重视。

为了确保利润最大化,中国的高增长企业需要扩大投资规模。具有高增长水平的公司更愿意限制资源的生产和管理,他们缺乏用于慈善事业、捐赠和其他社会活动的资金,因此很少披露社会责任信息(Chau & Gray, 2002)。而且,中国一些大型的增长速度快的公司有更好的发展前景,因其比增长速度低的公司更受政府的关注(Qiu & Xu,2006)。但他们害怕被接管或被迫生产其他产品,因此,他们的管理者可能不太积极披露社会责任信息。基于政治成本理论,本研究提出:企业社会责任信息披露与企业增长的关联程度为负。

2. 企业社会责任信息披露与企业增长的关联程度为负

可见度(visibility)：很多研究(Brown & Deegan, 1998; Adler & Milne, 1997)表明，具有更高的公众知名度的公司比低能见度的公司更受政府的青睐。由于其突出的公众可见度，这些公司更容易受到潜在的更高的政治或社会成本影响。为了缓和公众和政府的关注，以及减少潜在的政治成本的压力，公司可能会披露更多的CSR(Patten, 2002)。具体的例子可以在中国找到：2008年汶川大地震后，许多中国的企业捐赠资源给当地。这引起了巨大的社会效应，这同时也为企业吸引了大量的客户，使得这些企业迅速成为全国知名的公司。基于以前的推理，本研究认为：企业社会责任信息披露与公司的公众知名度的关联程度为正。

3. 企业社会责任信息披露与公司的公众知名度的关联程度为正

制度(institution)：马来西亚企业(Haniffa & Cooke, 2005)，挪威、丹麦和美国(Joyce, 2005)的实证研究表明，各国在制度与公司股权结构的差异导致企业社会责任信息披露的信息含量的差异。在中国独特的制度背景下国有企业保持政府的职责，并拥有特定的政治利益(Zhang & Xiao, 2009; Yang, 2005)。另一方面，私营公司面临更大的政府带来的外部压力(Gurive, 2006)。在区域竞争的背景下，私营公司需要吸引政府的投资；他们还必须减少不良的政治或社会行为和由此产生的成本的可能性(Watts & Zimmermann, 1978)。其中一种方法是披露社会责任信息，这促进了私人企业与政府关系的改善并减少潜在的政治成本。基于前面的讨论，本研究提出：企业社会责任信息披露与公有制类型的企业(国有企业)正相关。

4. 企业社会责任信息披露与公有制类型的企业(国有企业)正相关

盈利能力(profitability)：一般情况下，绩效更好的公司将披露更多的社会责任信息，并向公众显示出积极的行为(Verrecchia, 1983)。赚钱的公司应该比利润较低的企业更倾向于披露社会责任信息，因为正是这些公司有更多的好消息要和他们的利益相关者分享并获得尊重，得到来自公众和政府的支持(Dye, 1985)。Shen(2006)从1999~2004年在上海证券交易所和深圳证券交易所的股票上市公司的研究结果表明，创造更多利润的公司更可能披露社会责任信息。基于政治成本理论，本研究提出：企业社会责任信息披露与盈利程度正相关。

5. 企业社会责任信息披露与盈利程度正相关

控制变量：本研究利用杠杆、行业和股东结构作为控制变量。

杠杆(leverage)：从债权人的角度出发，债权人更愿意在合理的范围内控制财务风险，从而能够保证公司的基金和借贷能力的安全性。因此，企业承担社会责任并不是特别受债权人的关注(Leuz & Verrecchia, 2000)。拥有高水平财务杠杆的企业拥有一个庞大的债务，并可能没有时间来考虑社会责任(Karamanou & Vafeas, 2005)。

行业(industry)：污染严重的行业，如钢、自然资源企业、造纸、电力生产、水利和化工行业，尤其被环保团体所重视(Bowen, 2000; Branco & Rodrigues, 2008)，他们为了减少企业的关注程度提供更多的环境信息(Li, 2009)。Li(2007)提供了关于企业社会责任报告的影响因素的多因素分析。结果表明,重污染行业和企业社会责任信息披露显著正相关。

股权结构(TOP1):意味着许多小股东愿意披露企业社会责任信息并减少潜在的政治成本(Brammer & Pavelin,2006)。在中国,86%的民营企业仍采用家族式管理模式(Chen,2005)。国有企业被国有资产监督管理委员会(国资委)监督,以及由省、市、县人民政府所监管。这可能很难分析哪种股东结构影响企业社会责任报告。

本研究也注意到了中国对CSR的研究方法并不一致。学者们只使用年度报告研究企业社会责任信息披露,一些中国公司只在2007年才开始发布企业社会责任报告。其次,如果采用内容分析法对企业社会责任进行研究的主要方法,句子和页数有时不能准确反映信息披露质量。最重要的是,不少中国学者也发现了社会责任报告披露的一些潜在原因,但缺少进一步的讨论。

二、研究方法

1. 样本

我们基于中国的分析有两个原因:第一,根据企业社会责任信息披露的国家之间的差异(Matten,2008);均匀的数据结构需要来自同一制度背景的样本。第二,从2007年开始,中国政府要求股票上市公司对社会和环境信息进行披露,使企业社会责任信息报告对中国公司来说是个完全崭新的领域。

本研究研究的重点是在深圳证券交易所和上海证券交易所的市场指标。基于2012年在14个行业中国300强企业中的120大上市公司的选择(因为并不是所有300强公司都在上海和深圳上市,一些是在香港或美国上市,有些甚至不上市),分行业企业列表见表3A.1。

表3A.1 分行业企业列表
(根据深沪股票交易所上市公司2012年数据)

行 业	缩 写	企业数
Automobile(汽车)	AUTO	8
Banks(银行)	BANK	11
Chemicals(化工)	CHEM	3
Constructions(建筑)	CONST	9
Financial Service(金融)	FINA	2
Food(食品)	FOOD	8
Industrial(工业)	INDU	15
Insurance(保险)	INSU	3
Pharma(医药)	PHAR	7
Resources and Energy(能源)	RESO	20

续表 3A.1

行　业	缩　写	企业数
Retail（零售）	RETA	13
Technology（科技）	TECH	7
Telecommunication（电信）	TELE	3
Transportation and logistic（物流）	TRAN	11
Total（总计）		120

* 300 强企业名单来自中国企业联合会

然后本研究使用不同的披露社会责任信息的公司的报告,包括年度报告(Cormier and Gordon,2001)、社会责任报告(Tate, 2010),以及其他可在互联网上公布的特定报告(例如,环境、社会报告等)。本研究总结了在 2007~2011 年的 5 份报告,这导致了一共 600 个公司年度观察点。公司所提供英语和汉语报告也都列入了参考范围中。由于一些公司 2008 年后才上市,本研究的企业社会责任报告的样本观察减少 8 个。此外,由于其他缺少的信息,样本再次减少 4 个。本研究最后的数据集包括 590 个公司的年度观察点。

2. 内容分析和指标分析

以往的文献表明,研究测量企业社会责任信息披露有两种方式:内容分析和指标分析。

内容分析包括研究文件或报告。通过分析披露的企业社会责任信息的词汇、句子数量和页数,该方法可以衡量企业社会责任信息披露水平。如果更多的单词、句子或页面被发现,那么更多的关于企业社会责任的信息将被公开。正常情况下,研究者通常使用公司的年度报告。Zeghal & Ahmed (1990),Campbell, Craven, & Shrives (2003) 使用术语"测量企业社会责任信息披露"。Guthrie & Parker (1989) 使用的页面数量来衡量企业社会责任信息披露。Smith, Adhikari & Tondkar (2005) 也利用披露的词汇、句子的数量和页数进行研究。

指标分析被认为是研究社会责任信息披露更准确的测试工具(M. Vilanova, J. M. Lozano & D. Arenas, 2009),在许多社会责任信息披露的研究中被使用(Haniffa &Cooke, 2005)。企业社会责任指数测定过程如下:首先,将企业社会责任信息披露分为不同的类别;第二,把这些主要类别以更小的子类别给予分配;第三,计算不同子类的总得分;最后在一个给定的公司内计算这些总成绩的结果。

内容分析的一个缺点是评价过程过于客观,而指标分析包括更多的主观因素。内容分析最明显的缺点是包含的赋值、字数、句子和页数不能完全反映真实的信息披露质量。因为企业可能在企业社会责任报告中用很大一部分篇幅描述社会责任的案例研究,这样关键词也被计算进去,限制了读者了解来自管理层的企业整体绩效信息。因为在中国,企业社会责任信息披露的审查才刚刚开始,信息披露总体质量是非常有限的,因此本研究采用指标法。

为了避免在分配上的偏见,本研究使用全球报告倡议组织(Global Reporting Initiative,GRI)。GRI 涉及企业社会责任信息披露中最相关的信息(Moneva,2006),通常被称为全球标准。GRI 3.1(2012 出版)指南涵盖了企业社会责任的所有方面,包括经济、环境、社会、产品和员工/人权范畴。

GRI 指南还提供所有 5 类企业社会责任的目录。本书在每一个类别找出 5 个指标,然后赋予每个指标 1 分。然后参照所有指标在 GRI 指南框架里的 25 个点逐条添加结果,见表 3A.2。

表 3A.2 调整后的根据 GRI 3.1 框架指标的分析目录

Economic（经济）	Environment（环境）	Product（产品）	Human Rights（人权）	Society（社会）	CSR Total（企业社会责任总分）
Lowest salary（最低工资）	Recycled（循环）	Consumer Healthy（消费者健康）	Investment（投资）	Community（社区）	
Purchase（购买）	Energy（能量）	Service（服务）	Discrimination（歧视）	Corruption（腐败）	
Public Service（公共服务）	Biodiversity（生物多样性）	Advertising（宣传）	Collective Barging（集体谈判）	Public Policy（公共政策）	
Technology Innovation（科技创新）	Emission/Waste（排放、废水）	Consumer Privacy（消费者隐私）	Child Labor（童工）	Equality（平等）	
Investment of Climate（气候投资）	Environment Impact（环境影响）	Laws（法律）	Forced labor（强迫劳工）	Anti-competition（反竞争）	
5	5	5	5	5	25

本研究审阅从公司网站中截取的 2007~2011 年的企业社会责任报告信息,发现企业发布社会责任信息通过许多不同的方式传递:一些企业社会责任信息嵌入在年度报告和财务报告中;在一些情况下,公司还提供额外的企业社会责任和可持续发展报告。本书的分析主要集中在所有这些可能性信息中,并以匹配指标为研究企业社会责任信息披露指数,然后计算出总的社会责任评分。

3. 研究设计

本研究把企业社会责任信息披露作为独立变量符号(CSRD);把公司盈利能力即净资产收益率(ROE)、公司规模(SIZE)、公司类型(INST)、公司的成长(GROWTH)、工业类型(INDUSTRY)、在公司股权结构最大份额的百分比(TOP1)、公司的知名度(VISI)和杠杆(LEVER)作为因变量。

(1)因变量。

第一个变量是社会责任信息披露 CSRD,已在指数分析中显示。GRI 框架有 5 个不

第3章 文化背景下的中国企业

同的类别,根据样本公司提供的报告,收集5个变量,用于基于内容的指标分析:

$$CSRD = CSRECO + CSRENV + CSRPRO + CSRHUM + CSRSOC$$

社会责任信息披露是企业社会责任信息披露的总得分,CSRECO是经济信息披露得分,CSRENV是环境信息披露得分,CSRPRO是产品信息披露得分,CSRHUM是人权/员工信息披露得分,CSRSOC是社会披露分数(即在2007~2011年每个公司的分析报告的指标的评分)。

(2)自变量。

①规模。一些研究(Li,2007)使用总资产自然对数,而其他研究者使用雇员人数(Ma&Zhao,2007),本书研究使用规模的自然对数。

②成长。

$$净资产增长率 = (期末净资产 - 期初净资产)/(期初净资产) \times 100\%$$

③能见度。公司的知名度表示企业是否被众所周知。本研究通过计算搜索公司在FOCUS网页出现的次数测量能见度。

④制度。公司类型设置为虚拟变量,属于国有企业设定为1,否则为0。

⑤净资产收益率。

$$净资产收益率 = 净利润/平均净资产 \times 100\%$$

(3)控制变量。

①杠杆。

$$资产负债率 = (负债总额 \div 总资产) \times 100\%$$

②行业。对重污染行业进行分类,按照2003年9月中国环境保护报告发布的"股票上市公司/申请上市公司的环境保护核查通知报告",重污染行业包括冶金、化工、石化、煤炭、火电、建材、造纸、酿造、制药、发酵、纺织、皮革和采矿业。在本研究的样本中,重污染企业给出的指标是1,否则为0。

③TOP1。股份的比例,即按每个会计期末的统计结果,最大的股东持有公司的股份总数。

表3A.3提供对数据源、因变量和自变量、缩写和解释的一个总结。

表3A.3 数据描述

Variable Type (变量类型)	Variable Name (变量名称)	Variable Symbol (简称)	Explanation (解释)	Resources (来源)
Dependent Variables (因变量)	Corporate Social Responsibility Disclosure Index (披露指数)	CSRD	指标 指数分析法	①公司CSR披露报告 ②公司年报 ③公司官方网站

续表 3A.3

Variable Type (变量类型)	Variable Name (变量名称)	Variable Symbol (简称)	Explanation (解释)	Resources (来源)
Independent Variables (自变量)	Growth (成长)	GROW	净资产增长率=(期末净资产－期初净资产)/(期初净资产)×100%	深沪股票交易所的公司年报
	Institution (制度)	INST	国有企业设定为1,否则为0	中国企业联合会
	Company Size (规模)	SIZE	总资产自然对数	深沪股票交易所的公司年报
	Visibility (可见度)	VISI	计算搜索公司在FOCUS网页出现的次数测量能见度	http://focus.stock.hexun.com
	Return on Equity (回报率)	ROE	净利润/平均净资产×100%	深沪股票交易所的公司年报
Control Variables (控制变量)	Leverage (杠杆)	LEVER	资产负债率=(负债总额÷总资产)×100%	深沪股票交易所的公司年报
	Top Share (最大股权)	TOP1	股份的比例,即按每个会计期末的统计结果,最大的股东持有公司的股份总数	深沪股票交易所的公司年报
	Industry (行业)	INDU	重污染企业给出的指标是1,否则为0	中华人民共和国环境保护部

4. 回归分析

不同于其他的研究通常使用 OLS 分析,本研究采用随机效应模型分析中国企业社会责任披露的影响因素。原因如下:第一,在正常情况下,一个单独的公司指标被认为是随机的(Mundlak,1978),企业的自身的特点可以影响企业的社会责任。第二,一些关键的变量,如行业和制度等,在时间上是不变的,固定效应模型不能测试这样的因素。第三,选取的样本中,共有 584 个部分;从时间上看,面板数据只有五个时间点(2007~2011年),这是一个短的面板数据。从统计学的角度来看,固定效应模型将失去很多的数据自由度,随机效应模型将避免这种损失。

本书的模型为

$$CSRDIS_{i,t} = \beta_0 + \beta_1 SIZE_{i,t} + \beta_2 GROW_{i,t} + \beta_3 VISI_{i,t} + \beta_4 INST_{i,t} + \beta_5 ROE_{i,t} +$$

$$\beta_6 \text{LEVER1}_{i,t} + \beta_7 \text{INDU}_{i,t} + \beta_8 \text{TOP}_{i,t+\lambda}$$

式中 CSRDIS——企业社会责任信息披露指数的指数分析方法提取;

SIZE——大小,以总资产的数量来衡量;

VISI——为公司的名字在 www.focus.stock.hexin.com 的搜索点击数量;

GROW——企业的增长、公司的净资产增长率测量;

INST——企业类型设置为虚拟变量,根据其是否属于国有企业,国有企业被设置为 1,和 0,否则;

LEVER——以资产负债率测量;

ROE——净资产收益率衡量盈利能力;

INDU——14 个行业的 dummies;

TOP1——通过占多数股份的股东结构。

变量的描述性统计见表 3A.4。结果表明,大多数变量分散在一个可接受的水平。社会责任信息披露的平均水平是 14.86(25),表明中国的股票上市公司的信息披露水平仍然很低,并且覆盖企业社会责任指标总量的 14/25。

表 3A.4 自变量和因变量描述

Variable	Obs	Mean	Std. Dev	Min	Max
ROE	600	0.131 841	0.154 281 9	−0.728 3	1.258 6
INDU	600	0.341 666 7	0.474 664 2	0	1
TOP1	591	0.415 303 2	0.187 516 9	0.05	0.94
INST	600	0.41	0.492 243 7	0	1
SIZE	599	24.327 38	1.955 804	19.434 98	30.370 37
CSRD	600	14.86	4.750 229	0	25
VISI	600	12.499 14	1.377 406	9.249 561	17.262 32
GROW	590	0.337 318 6	1.130 099	−9.661	18.425 1
LEVER	599	0.638 848 2	0.190 253	0.151 2	1.222 8

为了获得原始变量之间关系的统计描述,本书用 Stata 软件为主要研究变量进行 Spearman 相关系数检验。结果表明,社会责任信息披露和盈利能力(ROE)、企业规模、企业所有权(研究所)、杠杆、结构、能见度、占有率呈正相关;和增长空间、行业类型呈负相关。具体的结果显示在表 3A.5 中。

表 3A.5 样本变量数据的 Spearman 相关系数检验

Variable	CSRD	SIZE	GROW	VISI	LEVER	INST	ROE	INDU	TOP1
CSRD	1.000 0								
SIZE	0.494 1	1.000 0							
GROW	-0.061 2	0.078 6	1.000 0						
VISI	0.383 2	0.547 6	0.046 0	1.000 0					
LEVER	0.056 7	0.281 9	0.076 8	0.372 9	1.000 0				
INST	0.115 9	0.305 8	-0.077 3	0.160 6	-0.110 0	1.000 0			
ROE	0.112 7	0.178 0	0.500 0	0.175 7	0.106 9	-0.058 9	1.000 0		
INDU	-0.069 1	0.051 6	-0.054 6	-0.063 8	-0.054 3	0.216 1	-0.076 3	1.000 0	
TOP1	0.131 1	0.238 1	-0.046 7	0.023 6	-0.212 8	0.507 8	0.021 6	0.339 3	1.000 0

表 3A.6 企业社会责任信息披露影响因素的回归分析

Model	RE	RE	RE
Variables		CSR	
Size	1.676	1.656	1.601 7
	(0.000)***	(0.000)***	(0.000)***
Growth	-0.405 5	-0.377 8	-0.392 7
	(0.000)***	(0.001)***	(0.000)***
Visibility	0.755 2	0.677 5	0.743 4
	(0.000)***	(0.002)***	(0.001)***
Institution	-1.282	-0.959 1	
	(0.068)*	(0.134)*	
ROE	-1.255	-1.334 5	
	(0.209)	(0.165)*	
Leverage	-2.591		-2.188 7
	(0.068)*		(0.117)
Industry	0.037 6		-0.054 9
	(0.955)		(0.935)
TOP1	0.556 7		-0.785 1
	(0.740)		(0.617)
Constant	-33.059	-33.137	-31.459
	(0.000)***	(0.000)***	(0.000)***
Sample Size	584	590	584
R-square	0.357 4	0.384 2	0.369 2

* Significant at the 0.1 level
** Significant at the 0.05 level
*** Significant at the 0.01 level

表3A.6的结果和本研究的来自政治成本理论的假设大体上是一致的,这表明,公司披露信息的目的是为了减少潜在的政治成本和政府税收(Watts & Zimmermann,1978)。

(1)规模:公司规模与企业社会责任信息披露正相关($P = 0 < 0.01$对所有相关的因变量)。它表明了政治、公众和监管机构的压力,中国的大公司披露更多信息,以减少潜在的政治成本。

(2)增长:公司的增长和更多的企业社会责任的披露负相关($P = 0 < 0.01$对所有相关的因变量)。前景更好的高成长型公司,害怕被政府作为寻租的工具或生产的机器,因此披露社会责任报告的动机更少。

(3)能见度:公司的知名度决定了企业社会责任的披露意愿($P = 0.001 < 0.01$对所有相关的因变量)。知名度越高,公司越愿意公开社会信息降低潜在的政治成本。

(4)制度:企业制度与企业社会责任报告呈负相关($P = 0.068 < 0.1$,对所有因变量)。一个原因是,尽管中国的国有企业应该承担更多的政治和社会责任,民营企业希望通过它能显著提高公司的盈利能力,通过企业社会责任报告建立政治联系。

(5)盈利能力:根据研究结果,目前还不清楚中国企业社会责任报告与盈利能力的相关性。虚假会计报表也许是其可能原因之一。现在许多企业往往会产生虚假的会计报表获取额外利润,捞取政治资本,避免政策调控和对企业管理人员做出的行政处罚(Zhang,2005)。虚假会计报表可以被集合到不同的公司的政策中,包括政府项目、绩效、银行贷款、税收、法规和福利等。

财务杠杆和企业社会责任信息披露呈负相关。从债权人的角度,高财务杠杆的企业面临巨大的债务压力,并可能没有时间来考虑社会责任。因此,企业承担的社会责任并不特别被债权人所关注。最后,一个公司的行业和股权结构对企业社会责任信息披露没有影响。因为政府控制绝大多数的基本资源,在污染行业的大多数企业属于政府。这些公司仍然专注于GDP指数而不是社会或环境的责任。最近的例子显示,中国是世界最大的稀土材料生产国,但稀土污染破坏了许多中国村庄的环境并影响了许多人的健康。股权结构:股权结构没有发挥其应有的作用。由于民营企业是家族企业,国有企业被政府控制,因此很难分析它如何影响企业社会责任报告。

三、结论

本研究认为公司应该除了追求利润的最大化,也要为社会做出更多的贡献的观点已成为一种共识。企业社会责任信息披露(CSR)的研究在西方社会已经有几十年历史,在理论和实践的研究中已经取得了很多成果。在此期间,中国的企业社会责任信息披露实践仍处于起步阶段,既没有广泛的应用,也没有统一的安排。依照国家制度的独特环境,中国企业对政府的依赖性更强,并向当地政府部门要求更多的资源、福利和优惠政策。政治成本理论似乎能更好地解释一个公司的企业社会责任内容背后的动机和原因。

本研究确定一组具体公司的变量和公司自愿披露社会责任信息的行为密切相关。基于GRI框架确定的指标,运用指数分析,寻找120个在中国300强公司中主动披露的年报和社会责任报告信息的公司。结果表明,企业社会责任信息披露的基本原因和政治成本理论一致。中国企业披露社会责任以减少潜在的政治成本,加强与政府的关系,提高公司的公众形象。

虽然有些学者认为政治成本理论不能完全解释为什么企业披露社会责任信息(Milne,2002),本研究仍然相信,这样的研究至少让我们了解了企业行为对企业社会责任信息披露的影响,并可能涉及政治成本理论下的一个更广泛的中国文化和政治背景。

相信本研究能为企业社会责任信息披露的影响因素提出一些有趣的见解。这表明,企业不仅可以抵抗起初政府法规的实行,但也可能以其他方式试图寻求控制,它们可以"绑架"监管者并使他们和企业的意愿相一致(Campbell,2007,p.954)。本研究注意到,这样的企业思考更有可能带来关系的礼制而不是社会责任的实现,这将帮助他们从地方政府和中央政府获得更有利的国家支持,并保存政治关联。这将导致在一个不规范的企业制度环境下创造更多的不确定性。和国家规定的条文一样,各种利益相关者管理公司的自我调节的能力与文化现象(先义后利)息息相关,这也有助于确定企业在政治(降低政治成本)上如何有效地与政府凝聚并确保他们在社会责任方面的表现(Campbell,2007)。

四、局限性

本研究的主要局限性可以归因于样本。第一,用于这项研究的591个样本可能来自于最好的中国企业的社会责任报告这样一个小的群体。因此,本研究的结果不能简单地应用于其他中国公司。第二,许多企业社会责任报告,没有被第三方所认证。作为一个结果,使他们企业承担社会责任的可能性的能力被夸大。

为了分析理论和企业社会责任信息披露行为之间的关系,述行研究可能在未来的探索中出现。那就是,如何对企业社会责任信息接收并融入公司的行为,而且同时考虑与中国文化、政治和社会背景的关系。

附录3.2 企业文化调研

一、西方学术对企业文化的陈述

西方学者在过去的40年里对企业文化的研究做出了很多巨大的贡献,它发展为理论与实践相结合的有趣研究。

在20世纪80年代和90年代,在经过初期对企业文化概念的讨论后,学者们立即把注意力转向了企业文化与领导力、人力资源、组织学习、战略管理的关系,并测试了什么样的企业文化影响企业绩效。在研究企业文化过程中,研究者(Quinn, & Cameron, 1983; O'Reilly, 1991; Hofstede, 1991; Trompenaars, 1993; Denison, & Mishra, 1995)发明了许多尺度模型来识别和分析企业文化。

组织文化评估工具(OCAI)由Kim Cameron and Robert Quinn(1983)提出,它是探讨组织文化的一种有效的研究方法。竞值框架可用于构建组织文化剖面。通过对该表的使用,一个组织文化剖面可以通过建立组织的主导特征绘制。在这方面,组织的总体文化曲线可以确定为:宗族、偶发性、层次和市场。

为了研究人与组织的匹配,O'Reilly, Chatman 和 Caldwell (1991, p.494)开发了一个研究工具,包含了一套价值陈述体系,可以用来评估在何种程度上的某些价值衡量目标的组织和个人的偏好以及特别配置值。这个工具,称为组织文化剖面(OCP),它要求受试者在九个目录中利用分类技术去排序 54 个项目。这要求对于一个组织或一个特定的个体的价值偏好的特点进行评估,其中包括最具特征的或最可取的元素。如果一个组织文化的轮廓是发达的,足够熟悉该目标组织的受访者被要求执行任务的排序。这些受访者可能涉及不同的组,从而引入不同的角度进行综合评估(Bilsky & Jehn, 2002)。

组织共同价值观的不同程度可以通过相关程序研究。Hofstede(1981)表明,国家和区域文化的差异影响组织行为。他通过超过 100 000 个 IBM 员工在 50 个不同的国家和世界三大地区的比较寻找民族之间的差异,企图发现文化差异可能会影响企业行为。在他的国家影响研究中,Hofstede 研究确定了具有四个维度的组织文化多维模型(MMOC):权力距离,不确定性规避,个体主义与集体主义,男性与女性。长期导向作为第五维度被后来加入。Hofstede 发现亚洲国家与儒家哲学之间的一个强大的链接,与西方文化完全不同。在高 LTO 评分国家,提供对社会的义务和避免"丢脸"被认为是很重要的(Phillips &Vaughn, 2009)。和 Hofstede 的研究类似,FONS Trompenaars 的工作(1993)越来越受到人们的重视。在超过 10 年的时间内,Trompenaars 将研究问卷发到超过来自 28 个国家的 15 000 个管理员工并在 1994 年接收到来自每个国家至少 500 个可用的响应样本。由此,Trompenaars 衍生五大关系取向来研究人行为的方式:个人主义与社群主义,特定的关系和弥漫性关系,普遍主义与特殊主义,中性的关系和情感关系,成就与归属。这些可以被认为是文化维度,并类似于 Hofstede 的研究。Trompenaars 也研究时间和环境的纬度,他的研究结果提供了一个丰富的信息有助于解释跨国公司的文化差异,而 Vander Post (1997), Phatak, Bhagat & Kashlak (2005)也提出企业可以在不同的国家做生意的实际方法。Daniel R. Denison (1995)发展了丹尼森的组织文化调查(OCQ),丹尼森模型用以衡量四个文化性状并应用于 12 个管理实践的组织文化的具体方面。四个性状包括任务、一致性、参与度和适应性。

当我们审视由不同的学者在研究中提出的企业文化的组成时(表 3A.7),我们可以看到很多的元素,它可以帮助企业定义和带来新的文化取向,在不同背景和环境中进行有效的商业活动。这些措施包括生活环境、价值观、客户、团队、人力资源和沟通。我们发现最多的被企业文化战略重点覆盖的元素是:创新(4)、员工(4)、团队(3)、客户(3)和细节(3)。

表 3A.7　国外学者的企业文化量表组成

元素名称	量表					
	OCAI	OCP	MMOC	FONS Trompen aars	OCQ	Vander post
员工	·	·			·	·
组织	·					·
战略					·	
客户		·			·	·
环境						
创新		·		·	·	·
团队		·			·	
稳定						·
细节		·		·		
绩效						
学习	·					·
愿景		·				
开放			·		·	
务实			·			
能力					·	

尽管传统定义的假设意味着,组织文化是相对稳定的,在当前的动荡和不断变化的全球商业环境中,许多其他的研究人员认为企业文化是受到变化影响的(Paker,2002)。当公司了解到,竞争优势不会永远持续下去,他们鼓励不断变化和建立永无止境的创新环境。Kuratko&Welsch(2004),Zheng,Yang & McLean(2010)认为,企业通过不同生长阶段的发展,如启动、成长、成熟和复兴,占主导地位的组织文化总是被多阶段的启发、植入、谈判和转换。此外,在全球的商业时代,跨国公司也可能在不同的部门拥有不同的文化(Jarnagin & Slocum,2007)。

二、中国学术界对企业文化的陈述

企业文化作为一个热门话题在 20 世纪 80 年代中期进入中国的管理和组织行为学教材。企业文化被认为是日本二战后经济崛起过程中产业模型的核心内容。模仿日本模式,加强企业管理者和政府的互动尤其重要(Xu,1994)。然而,当时这一主题的讨论仅限于在中国的商业企业,几乎没有提及在政府组织的文化。然而,这一领域的一个小的成就是公认的在 20 世纪 90 年代改革开放过程中中国企业取得了良好的"企业形象"(Lei,1994;Wu,1995;Yuan,1995)。中国经济已经经历了过去 30 多年的改变,并仍在变化。与此同时,民族的文化价值观也在同时发生改变。经济改革和开放的大门使中国不仅改变了社会环境,也改变了社会的价值系统(Fan,2000)。文化是重要的和有吸引力的解释

第3章 文化背景下的中国企业

不同管理行为和组织系统的因素,但这只是其中的一个因素。其他因素,如政治和经济结构都是同等重要的。他们影响着一个国家在不同层次、不同结构上的文化。本节的目的是介绍中国文化价值观的分类,作为我们自己了解企业文化的永恒之旅中的一小步。

根据经验,许多中国学者开始用自己的尺度对中国企业文化的特性进行测试。在本世纪初,作为全国第一个商业学校之一,清华大学经济与管理学院建立了中国的企业文化和定量研究的机构,提供了一个比较系统的对中国企业文化的量化管理研究方法。这个评估量表包括八个维度:顾客导向,以长期为导向,以结果为导向,以行动为导向,面向控制导向,创新导向,和谐导向以及员工导向。相对而言,清华大学的研究更详细和更准确地衡量企业文化的优势。其理论基础在中国企业文化的研究中具有核心价值,更能找到企业文化的来源。后来,北京大学的光华管理学院也加入了对企业文化的定量研究中,提出了一种八个维度的评价量表:客户,团队,创新,和谐,公平,社会责任。这种评价规模逐渐被应用在企业文化咨询中,并对促进中国企业文化的定量研究的发展起到了积极的作用。Tsui,Wang & Xin(2006)得出衍生的四种组织文化类型,并涉及五个组织文化维度,它包括和谐、客户、实践等。他们发现了一个系统的文化类型和公司的业绩衡量之间的关系,并提供了许多在未来研究中对其组织文化维度和文化类型的建议。Liu & Zhang(2007)从两个角度分析了中国企业文化测量模型:组织利益相关者的价值判断和管理行为的组织价值判断。前者是由股东、客户、员工、社区组织组建的等。它提供了许多对中国企业的实践建议。Cheng(2009)认为,企业文化用以指导组织成员的行为。基于Schein的组织文化的结果,Cheng建立在组织文化量表(VOCS)的价值分为九个维度:科学的真理,以客户为导向,不断创新、追求卓越,同甘共苦,团队精神,正直,诚信,显示个性,社会责任等。2010年中国企业文化测量中心(CCMC)建立了一个评价体系。通过超过100家企业的调查,建立了一个简单的和有效的企业文化类型,它包括三个主要组成部分的评价体系和企业文化的核心价值观、企业文化环境。这三个部分无论从个人角度,或对组织和员工对企业文化变革的评价角度都形成一个严密的企业文化评价尺度体系。

本研究总结如表3A.8所示中国企业文化的研究尺度的元素。比较国外学者与中国学者的企业文化尺度量化体系,很明显,无论是中国和西方的观点,五个元素总是被涉及:顾客、员工、团队、创新、企业家。然而,我们也可以观察到许多差异。西方学者更注重战略、员工、客户和制度结构、细节;相比之下,中国学者强调公司的社会责任、和谐、稳定。研究结果发现,西方企业管理者以法律法规维护和保持企业行为的原则,而在中国企业的哲学往往局限在一定的传统原则上,并基于文化根源,由此形成一定的礼制行为。

表3A.8 中国学者的企业文化量表组成

元素名称	量表					
	清华	北大	徐淑英,王辉,忻榕	张德,等	VOCS	CCMC
客户	·		·	·	·	·
组织				·		

续表 3A.8

元素名称	量表					
	清华	北大	徐淑英,王辉,忻榕	张德,等	VOCS	CCMC
实践	·	·	·	·	·	·
沟通				·		
道德				·		
创新		·		·	·	·
和谐	·	·	·			
稳定		·				·
企业家	·		·			·
绩效					·	
诚信					·	
实用			·			
公平		·	·			
员工	·	·	·	·		·
团队		·			·	·

第4章 中国企业的政治博弈

前一章我们讨论企业如何认清自己的成员和组织方式,并在文化背景中超越自己所处的特定市场,加强代理人之间彼此的相互作用。这一章本书继续分析企业如何管理自己以及如何进行政治博弈,在公司治理的框架和嵌入模式中,企业如何达到政治博弈的平衡状态。一方面企业需要首先感知个体的分布式认知,继而使企业成员自觉创建,共享和使用这些认知;另一方面,集体认知创造企业行为,企业以公众表述的"平衡点"出发,自动遵守他们自己创造的组织和博弈的规则。但这样的平衡是如何首先在政治博弈中出现,然后保持稳定的呢?

4.1 政治、法律和企业

法律渊源理论将世界划分为基于不同法律体系的两个组别:大陆法系(法国、德国和斯堪的纳维亚国家)和英美法系(美国、英国等)。在股东利益保护上英美法律制度比大陆法律制度更加擅长。为了从政治的角度来说明公司治理的法律渊源理论,Roe(2006)指出,政治应该作为公司治理和所有权结构的决定因素。大部分的企业结构的影响,有时也由其政治环境决定。Rajan 和 Zingales(2003)指出,虽然法律是政治的产物,企业也是重要的政治决定的参与者并支持其政治运动。一个国家的政治形态塑造公司治理结构。

企业经济与政治之间的关系是什么?Ahlering 和 Deakin(2007)认为,法律的起源可能在一个路径依赖层面受法律规则演变的影响。正式规则可以在政治影响的过程中内生变化。例如,在一家工厂的工人可能需要政治保护,国家随后对这种需求给予反应稳定社会。Aoki(2011)建议把政治看作不只是政府制定的规则,而是作为一个秩序或一种妥协,一套企业和政府根据自己的行为产生的可能结果而共同持有的稳定的共同信仰。

在以这样的方式确认政治国家后,不仅是企业,而且产业工会、商业协会、利益集团、银行、非政府组织也参与到国家事务中。法律和制度都无法成为一种政治的结果(如法律渊源理论主张)而作为决策的唯一监护人。相反,决定是在相互依存的互动下产生的。正如第2章所说,公司的行为是基于相互加强的行为均衡点但由于战略博弈所产生的结果。这就解释了为什么在一些国家制度安排显然功能不佳的情况下,可以通过相互强化机制仍然得以生存。这也解释了金融监管的条例是由银行家和监管者之间的密切合作产生的。在各个国家,政治体系一直被视为理所当然可以改变社会的博弈规则;特别是在企业领域,这一改变过程仍在进行,并远未完成。这也可能导致在各国的政治背景下的企业进化的原因。这样说,本书不是指从某些错误的宏观经济理论或中国和世界的金融政策的经验中得到的启发和教训。本书指的是一种可能性,中国企业可能会提供一个有趣的案例,使共享的行为信念变成制度变迁的体现,以及它与社会规则和行为结合的演变,并最后作为礼制持续存在。

4.2 惯例和国有企业

在1978年之前,中国企业在计划经济体制下属于政府的附属机构。单位并不仅是工业机构,同时也提供社会服务、住房、日托、教育,以及为工人和他们的家庭健康提供护理。这种福利制度被称为所谓的"铁饭碗"。

1978年改革后,中国采取的是渐进式的,从计划经济向社会主义市场经济过渡的改革方法。许多研究探讨了在改革中一些分散实验的重要作用(Justin,2003;Sharun,2005)。在这一政策过程中,中央政府敦促地方官员测试不同的解决问题的方法,然后通过对信息和经验的汇总,影响国家政策的制定,这种方法已在中国的经济转型中取得了重大进展。它已在不同领域中建立决定性政策,并推动私人业务的加强和国有企业的重组调控(Zweig,2002)。改革中的中国企业已经出现了一些相当大的宏观性的改变。在本章的其余部分,本书认同我国引进政治国家主义的通用的方法,继续讨论中国国有企业和民营企业在政治背景下的特点。本书认为,大型国有企业表现出较强的直接被政府的实践和政策程序影响的模式,并在政策检验方面在企业中出现一定的"内部礼制"。然后本书检验了民营企业的政治关联性。这些政治关系在许多方面可以看出:作为一种特殊的公司治理模式;作为一种相辅相成的跨组织和均衡政治关系的行为;出于一种政治博弈的战略选择;当某种礼制来自古老的传统但处于新的区域竞争的环境下,无法给企业带来预期的长期可持续发展的效益。

4.2.1 中国国企改革回顾

阶段1:为了改变长期赤字的国有企业,政府在20世纪80年代开始采用多种实验方案。许多激励和权力直接给予国有企业的经理。然而,制度的官僚结构仍然完全由政府控制(Heilmann,2008)。在20世纪90年代中期,作为其中一个实验项目,现代公司制度(modern company system,MCS)被介绍到中国并参与国有企业的转型过程。在转型过程中,在1993年新颁布的公司法中强调公司治理的透明结构,但仍避免将国有资产私有化。然而,这种MCS在很大程度上是无效的。

阶段2:在国有企业改革中的政策突破源于20世纪90年代末,在四川,多样化的大型企业部门的测试过程采用"抓大放小"的方法。由于这一政策在前几年已经被测试过,它的风险被视为可操控的。这通过特殊的政策口号("从点到面")和行政程序得以确认。出于各种限制条件下的实验,制度的作用是有限的,并且仍然在官僚系统下运作。在这样的情况下,对国有企业管理层的激励机制的提高依然有限(Heillmann,2008)。

阶段3:自2002年以来,国有企业改革已经开始远离调整分配关系和权力再分配的政府与企业之间的产权制度(所有权)。这场运动的主要形式是股份制改革。国有企业转变为股份制公司,全体股东(包括组织、企业、政府或私人实体)要对企业负责任。上市公司的股份由国家股、法人股和社会公众股组成。前两种股通常占股份总数的60%~70%。在国有企业改革过程中,由于政府同时扮演企业的所有者和决策者的角色,行政管理、法规、企业结构改革的指导意见和建议容易被忽视。但事实上,在改革过程中政府的强烈干预和参与,使国有企业管理体制更加有效。当国有企业转变为股份制公司,组织结构、激励和控制、管理人员的聘任、市场导向与企业的适应性行为必须符合新的标准。然而,没有配套的公司治理委员会,国有企业并没有具备运作良好的三层组织(股东大会、董事会和监事委员会)。

国有企业改革是一个渐进的演化过程,而今天的大型国有企业仍然受到国家实践的强烈影响,见表4.1。

表4.1 自1978年以来国企改革的"试验点"

会议时间	决策
1978 十一届三中全会	扩大自主权试点
1984 中共十二大	增强国企活力
1985 第五届全国人民代表大会第五次会议	搞活国有大中型企业
1987 中共十三大	肯定股份制组织形式
1993 十四届三中全会	引进现代企业制度
1997 中共十五大	抓大放小
2002 中共十六大	股份制公司是国企的主要形式
2004 第十届全国人民代表大会第二次会议	深化国企改革
2005 十六届四中全会	大型企业的社会职能向地方政府转移
2007 中共十七大	促进个人和私营经济发展,消除体制性障碍
2012 中共十八大	促进非公有制经济发展,进一步深化国企改革
2013 十八届三中全会	积极发展混合所有制经济

4.2.2 从动员到经验主义:复杂的政策系统

在过去的60年里,政府曾尝试各种措施发展国有企业。在1978年以前,这些措施通常是以群众动员活动的形式实现,与各种思想政治运动有关。Liu(2006)认为,这些措施的主要目的是在短期内通过群众动员加速中国工业化和农村的发展。国有企业的生产通过指令性计划完成,大部分的物资通过行政分配系统投入。

在地方一级,中国改革发展前期的"实验主义"被设计为理论的测试工具(Heilmann,2010)。它强调适应当地的背景,以及在适用的模型配合情况下,实施和选择一系列特殊政策安排和行政程序(由点到面)。实验主义可以发现并解决克服决策者面对的困难,引发新的政策和制度讨论,最终将改变博弈规则。Heilmann(2008)指出,从1978年开始,中央领导人鼓励地方政府尝试不同的实验。

这些实验收集反馈实践经验并起到了重要的作用,因为这也缓解了上下级之间交流的不畅并减少了中央和地方监管机构之间的误会和摩擦。因此,实验主义有助于减少政策执行的风险,促进管理者调整和完善体制的运行。根据 Heilmann(2008)的研究,从政治经济的进化角度来看,这样的中央与地方的相互作用会带来不断的学习过程并影响行为的变化。商业行为从而与更多的沟通、思想、态度和认知相连接。

Heilmann(2008)也提到,这种政策实验有助于进行测试后将经验制度化的过程,然后用于正式的政策。因此,这种模式的政策制定试图把非正统和正统的做法在中国本土环境结合(Sharun & Rawski,2005)。具体的政策在本地测试和处理问题中不断磨合,在实践中得以解决。简而言之:实验第一,政策在后。在这个意义上,在地方层面的政策制定者成为测试过程中的主动参与者(Rawski,1995)。然而,他们只能提供有关实验的信息,因为最终的权力仍然由中央决策者通过政策证明、修改、执行和终止。由于地方政府尝试不同的方式进行政策实验,政策规定通常被忽视。在经济改革的发展中,国内生产总值和利润的增长,成为企业的首要目标,即使测试实验措施违背某些规定。因此这些措施提供了另一种新的意识形态,并为政策决策者提供更广泛和更灵活的可行的政策执行空间(Heilmann,2008)。

4.2.3 礼制管理:从政府官员到国企经理

在经济改革之前,国有企业是政府各部门的分支机构。国企管理者也处于政府官员密切的监督下,国有企业必须遵守政府制定的规则。国有企业管理者和政府官员的位置可以互换,并处于一个正常人员流动的系统内。改革后,在从企业的政府职能作用分开的要求下(政企分开),国有企业转变为独立的公司。然而,仍然无法解决当前实践中的政府和企业的双重功能。政府和企业的新的相互促进形式正在以新的方式进行,这样的交流体现了不同的利益机制的结合。

中国国有企业的大部分资源被现在的地方政府拥有和管理(图4.1)。中央控制的国有企业主要集中在三个群体中:

(1)约100家国有企业由国有资产监督管理委员会(国资委)直接拥有、控制和管理。一些国有企业是国有的国家安全机构,如国防、通信、交通、自然资源、建筑、工业产品。

(2)银行和融资公司是最盈利的国有企业,是由银行、证券和保险监管机构组成。这其中包括作为中国银行的主要股东的中央汇金公司。

(3)媒体、出版、文化和娱乐公司,都是由政府机构控制。他们严格按照国资委的规定进行操作。中国移动通信等大型国企产生相当大的利润,和其他国有企业一样都被国资委在同一水平下组织。

中国国有企业的组织体系是有层次的网络。核心公司拥有子公司的股权、信息、资源,以及包括财务部门、研究机构和任何上市的实体。国资委协调国有企业之间的关系并监督国有企业之间的人员流动,与企业保持密切的联系。国有企业的管理人员在党校获得教育并在政府机构包括全国人民代表大会被赋予一定的权利。

第4章 中国企业的政治博弈

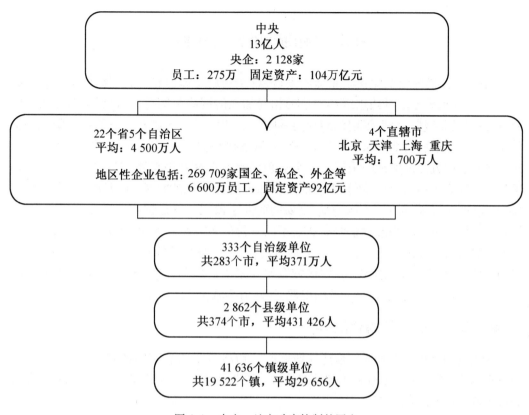

图4.1 中央－地方政府控制的国企

引自：Chenggang Xu (2011)（译）

　　国有企业管理者和政府官员都来自政府的部门,遵循相同的惯例并接受过相同的业务指导。一项调查显示,商务部长级的官员中有 50% 之前又作为国有企业经营者,在运输部长级官员中有 40% 之前在国有企业管理过(Xu,2011)。国有企业管理者也有政府工作经验。一项调查显示,上市的国有企业有 1 142 名高级管理人员之前作为政府官员就职,这接近 50% 的总人数(Zhou,2012)。为了达到利益集团的目标,某些政府官员和国有企业经理紧密合作。这样的过程不需要透明也不需要通过立法,改革至今已经为国有企业管理者和政府官员培养了亲密的合作关系。他们是同事、上司和下属,这样一个关系网络很容易建立。政府官员也可能未来在国企工作,并愿意为企业提供优惠政策和在企业保持相同的行为惯例。这些礼制和相互作用产生不公平的政策和制度。

　　由于在中国的区域竞争的目的是为了保障推动 GDP 为目标,一些省级的低级别法律比中央政府更高层次的法律在地方显得更具权威。出于宪法的原因,国有企业的管理可以利用公共权力推动"前进"的状态。正如之前我们已经讨论的,这种公共权力包括来自共享知识、礼制、企业文化等的认知根源。

4.3 礼制和私人企业

现在,本书将重点讨论民营企业的发展,以及它们是如何参与到战略博弈实验主义的政策下,如何确定这种跨组织和政治的相互加强的网络平衡行为,以及网络如何可能将可持续发展带到一个可预期的更稳定的水平。我们对中国民营企业的新的研究也提供了一个与之前所有调查家庭关系影响企业管理风格的方法完全不同的侧面。在20世纪70年代,西方经济学已经采用了一个与现代理性选择理论相连的制度研究方法。标准的合同界定了产权,自由贸易市场的竞争和价格自动调整平等。同时在中国,自1978年的经济改革以来,关系网络成为最重要的商业手段之一。这促进了私营部门的出现,即在本地背景下的中小民营企业和从在不同省份的国有企业改制的基础上形成的私营企业。在实验主义的政策下,民营企业通过网络扩大规模。当地政府帮助小企业得到更多的资源,获得更大的灵活性,并在区域竞争背景下适应不确定性政策。这样的政治联系的行为被视为礼制,它来自关系的根源,并成为区域非正式规定的一个特殊部分。

4.3.1 私人企业的政治博弈

在改革的过程中最重要的经济计划来源于1978年后带有实验性质的五年计划。在1978年以前,中国的民营企业不被法律认可。改革开放以来,根据新的规定,民营企业得以缓慢地发展起来(表4.2)。

表4.2 中国私营企业的发展(1978～1999年)

时间	政策	内容
1978年十一届三中全会	经济改革	私营企业逐渐发展起来
1982年中共十二大	家庭联产承包责任制	鼓励和支持"个人经济作为公共经济的必要和有益补充"
1982年第五届全国人民代表大会第五次会议	私营立法	宪法规定,私营经济是社会主义公有制经济的补充
1987年中国十三大	一个中心,两个基本点	私营经济是公有经济有用和必要的补充
1988年中华人民共和国私营企业暂行条例(人民日报1987年6月29日)	私营地位确定	确定了私营经济的法律地位和经济地位:国家允许私营部门在法律规定的范围内发展。民营经济是对社会主义公有制经济的补充,国家对民营经济的权利和利益的保护,必须在政府的引导、监督和管理下进行
1992年邓小平南行讲话	社会主义市场经济	推动私营企业发展

Heillmann(2008)指出,本地失败的实践经验可以给政府提供一个更少风险的政策框架,而不是贸然执行没有经过任何测试而出台的国家法律。Heilmann 进一步表示,中央权力和地方权力的创造力的结合使实验取得了成功。因此,一个"精心设计"的实验政策提供了一个新的中国经济政策的实施模式。自 1949 年以来,中国民营企业的发展已经经历了一系列的高低起伏。民营企业起初不被社会认可,只有公有制和集体企业可以存在。改革开放后,小型和私营独资企业主要由家庭经营,缓慢地和一些各自省份的国有企业一起在农村地区逐渐建立起来。在这段时间里,企业家们在不稳定的政治环境中寻找自己的生存方式,开展业务。实验主义在层次结构鲜明的中央与地方互动的过程中不断完善,私营企业和政策制定者在实验中对彼此潜在的收益的期待成为一个重要的特征,为分析中国政策实验主义的不寻常的成功提供了实践可能。

阶段 1(1978~1999 年):政府保证了私营经济是社会主义经济的补充力量。在制度转型过程中,民营企业逐步得到法律的认可。自 1992 年以来,民营经济发展已经成为社会主义市场经济的重要组成部分。邓小平在 1992 年南巡期间后的讲话提出,中国政府要以迅速建立社会主义市场经济体制,并作为改革的战略目标。在这期间,共产党提供在理论和制度上对中国民营经济的发展的保护。Liu(2006)发现,在地方中小型国有企业私有化过程中,许多国企员工失去了工作("下岗")。尽管私有化增长背后的主要的控制者是各级地方政府(Tenev & Zhang, 2002),中央政府仍然控制着主要的资源,国有大企业仍享受优惠政策,如获得银行贷款等(Chen, 2005;Brandt & Li, 2003)。相比之下,民营企业往往要通过个人融资筹集资本(Redding, 2007)。这使得民营企业渴望有更多特权,也让私人企业更渴望得到政治的支持和优惠的政策,而不是额外的收费和各项罚款(Nee, 1992;Peng, 2000)。

我们可以看到从私营企业的改革时期开始,等级制度在中国已经变得专业化、规则化并逐步得以加强。不能说中国没有政治改革;相反,政治改革创造了一个新的有效的专制等级。其结果是,市场机制、行政监督和监控系统都很强。政府官员和企业管理者保持他们的权力并面对强大的诱惑来构建网络,但他们也会因为贿赂受到有力的监督和严厉的惩罚。

阶段 2(1999~2012 年):竞争中的控制和激励,在新的"政策实验主义"现象下,新的所有权的各种形式的竞争格局正在形成。

为了理解这样的一个环境,Heillmann(2008)指出,在国家政策制定者的角度看,许多地方出现了失败的实验。但是这些经验和错误都被政府吸取,并提前考虑在内,因此避免了更大的政策灾难。Heillmann 继续指出,1999 年的亚洲金融危机中,这样的实验显示了巨大的优势,为中国民营企业提供了机遇。自金融危机以来,实验对政策决策者变得更加可以接受。许多不同的制度安排下的新的项目在未来几年也被尝试实践(Heillmann, 2008)。

例如,如果地方的民营企业没有在新的制度变迁下对新的生长环境下得以适应,发展就会显得缓慢。地方政府必须提供激励措施(如降低税收、优惠和资源的分配)来吸引私营企业的投资,因为财政和货币分权[1]约束地方政府的预算。通过这些方法,当地政府将努力实现经济绩效指标(增加 GDP 增长),并满足官方的激励系统的评价标准[2]。因此,地方政府间的竞争影响当地的金融环境,从而对该地区的整体业务和公司绩效产生深远的改变。与当地政府保持良好的关系肯定会提高民营企业绩效。那些促进本地区发展的地方官员会被进一步奖励进而建立更广的人脉网络。当地方官员承担招商引资责任时,风险很大程度被社会化,但决策者也可以共享和分发一些成功后的利益。误导性的和浪费的发展计划几乎不存在被处罚的风险。继而,表现优异的当地官员将在该地区得到升迁,在中央政府被推到一个更高的位置任职。

这样的政府和企业之间建立的相互强化互动,使制度与政策试验测试的风险降低,并促进决策过程的效率,在改革中也避免了系统的崩盘。在中央与地方的互动实验中非正式的实践过程,使关系网络之间的实验者和决策者相互促进对方的收益,这成为解释这种不寻常的政策实验主义在中国成功的一个重要因素(Heillmann,2008)。

表 4.3　中国私营企业的发展(2002~2012 年

时间	政策	内容
1997 年中共十四大	"社会主义市场经济体制""公务员晋升评估制度"	"非公有制经济是社会主义市场经济的重要组成部分"
1999 年第九届全国人民代表大会第四次会议	宪法修正案	《宪法》规定:"在法律规定范围内的个体经济、私营和其他非公有制经济,是社会主义市场经济的重要组成部分。"
2004 年第十届全国人民代表大会第四次会议	保护私有财产	通过对《中华人民共和国宪法》的修改,规定:"国家保护个体经济、私营等非公有制经济的合法权益。国家鼓励、支持和引导非公有制经济发展。"
2005 十六届四中全会	股权分置改革	公有制与非公有制经济要在市场竞争中共同发展
2007 年中共十七大	物权法	在两个不动摇的基础上,十七大进一步提出有关鼓励支持和引导非公有制经济发展的两个平等,即坚持平等保护物权,形成各种所有制经济平等竞争、相互促进的局面
2012 年中共十八大	混合所有制	鼓励非公有制企业参与国有企业改革,鼓励发展非公有资本控股的混合所有制企业,鼓励有条件的私营企业建立现代企业制度。这将推动非公有制经济健康发展

4.3.2　企业礼制:区域竞争下的政企关联

正如本书在前面的章节中讨论过的,该制度下的"财政分权与政治集权"和"地方政府官员的激励和晋升机制"使地方政府不仅要看项目和资金是否来自中央政府,也要看它是否能增加财政收入和吸引流动资本,保持低失业率,提高当地 GDP 指数(这都属于公务员绩效考核的标准)。为了吸引外国直接投资(foreign direct investment,FDI),地方政府的一项重要战略是财政支出,这通常有两种方式:①直接的财政支持。为了帮助企业在股票市场上获得上市的资格,使公司获得配股,地方政府将减少税收,提供纳税申报,使企业获得财政补贴。它帮助民营企业提高绩效并满足监管当局的预期。地方政府一方面抑制区域资金外流,一方面阻碍外部的资金投资于其他的区域(Xu,2011)。②间接的财政援助。一个地方政府的财政支出的效益主要体现在地方基础设施的改善,教育和科研质量、卫生标准的提高。高水平财政支出的地区通常会有高水准的基础设施建设、高质量的人才、更好的健康福利条件和促进企业发展的良好外部环境。地方政府的支持将必然提高企业生产能力并影响企业绩效。

事实上,民营企业已意识到在局部和中央保持与各级政府的良好关系的意义。这种相互依存成为礼制,这在一定程度上依赖于旧的传统的关系网络,部分也取决于区域竞争的环境。这可以帮助提高民营企业与政府的接触,获得批准的项目,进而提高企业绩效。例如,在一些地区,当地政府甚至要保护山寨产品工厂,因为它是一个重要的税收资源;而企业对环境保护的失败也是政府包容的结果。这种政治关系进而也影响到官员的考核和薪酬的设置。另一方面,从政府官员到私人公司管理者的位置转变(或从政府控制的企业机构的位置的转变)叫下海。基于对 2 002 个企业调查研究数据显示,80% 的中国企业家在创业以前属于政府职员(Guiheux,2006)。特别是在民营企业发展的早期,拥有地方政府经验的企业家会很容易建立关系网络。

我们可以断定,这样的企业和地方官员之间的礼制是基于中国本土主义,和关系的集体主义场域依存性的认知表达;它是区域竞争[3]背景下的政治博弈规则结果下的一个具有启发式的概念。因此,礼制变成为一种行为表述。这样的一个从内生视角观察企业通过其博弈规则产生的礼制,是通过外部设计并从外部的企业和地方政府的联系中被赋予。换句话说,这样的礼制(企业行为:政治关系)作为自我持续关系的行为,被看作从这些区域竞争博弈下的非正式规则内源产生,这都可以用地方主义和集体主义的文化功能加以解释。

附录中的案例[4]分析考察政企关联如何作为礼制,在中国区域竞争的背景下,影响民营企业的绩效。使用一个全国范围的民营上市公司数据库,本书进行了一项实证研究,旨在确定区域竞争环境下民营企业高管的政治关联对企业整体绩效的影响。结果表明,这样的礼制(民营企业政治关联)会给公司长期绩效带来负面影响。

4.4 结 论

中国的政策实验可以看作是本书对均衡模型中民营企业的政治关联博弈(礼制)和国企的惯例(礼制)的特殊理解。实践所取得的经验表明,这种不变的国有企业的惯例式管理成为政策制定者遵循的礼制。另一方面,实验主义提供了政府和私营企业之间加强沟通的桥梁(图4.2)。政府和私营企业之间的关系是相互的、形式多样的、相辅相成的，并结合政治和公司治理的组合产生(Aoki,2010)。本书在研究中发现，民营企业的政治关系不一定能带来长期的良好的绩效。在这种情况下，企业可能会发现依靠政府介导的过程，会帮助他们控制公共资源，但由于政府运行费用成本太高，或是政府与一个特定的利益集团的互动被认为是有偏见的合谋，结果就会变得无效。然而，政治关系作为民营企业的礼制依然存在。企业普遍认为，这样在当地的环境下建立的关系将有助于获得其他有利资源。

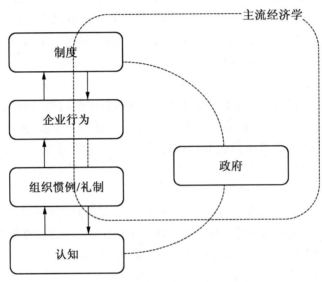

图4.2 政治背景下的企业行为

政府和私人企业之间的关系可以是互惠的，产生各种形式的相互加强的政治和公司治理组合。在公司治理框架内，他们自己也在政治博弈中发挥了作用，使企业达到了政治博弈的均衡状态。公司以"平衡"作为理所当然的规则，追寻并自动认为是该组织的规则和博弈程序，本书认为，企业可以和其他代理人(机构)创建，共享并使用这样的认知，形成公众表述；同时企业内部成员的集体认知，在政治博弈中执行这样的以认知为基础的行为礼制。

中国的发展正在接近一个转折点(Nauthon,2010)。寡头垄断的国有企业正在迅速成为全球规模的商业巨头，更多的企业将被重组为一个个在股票市场上透明的联合股份公司。而民营企业的迅速扩大，更多的是面对全球市场上国外企业的竞争。公司将很快打开财富基金、养老基金、投资银行和专业管理人员的大门。该系统在这个方向移动的过程中，政府和企业必须重新定义各自的功能。对国有企业和私营企业来说，这意味着对股东、经理和工人提供了更广阔的空间去组织应对认知资产和管理战略的博弈。它也似乎表明企业认知资产(显性知识和隐性知识)应满足战略博弈的平衡(常识)——那是制度和企业行为的共同的认知。

注释

1. 货币和财政分权。Qian & Weingast(1996,1997)指出,中国的财政分权改革自1994以来,是规定地方政府追求经济增长的一种有效的激励手段。Li 和 Zhang(1998)建立了一个模型,发现我国地方政府之间的竞争是国有企业私有化的主要驱动力:地方分权政策导致区域间的竞争;反过来,区域竞争导致私有化的产生(Lin,2003)。Heilmann(2008)表明,私有化可以显著提高国有企业的税收效率。因为在产品市场竞争非常激烈的市场,每个区域必须尽可能以维持生存的最低的市场份额,降低生产成本。为了刺激经理来降低生产成本,地方政府必须将全部或部分股份转让给经理。一般来说,产品的竞争导致私有化程度的提高。

2. 官方的奖励。基于官员晋升考核制度,区域竞争给政府官员提供了更大的动力去推动本土企业的发展,采取各种手段吸引流动性资源要素,形成地方保护主义。Zhou(2012)研究了治理模式的当地官员的"晋升比赛的治理模式"。这种特殊的模型揭示了随着中国经济的快速增长中出现的具体问题的各个方面。他认为,为了得到提拔,当地官员必须满足上级政府的相对业绩评价标准。在改革开放的过程中,政府主要是通过评估他们的司法管辖区内的 GDP 增长衡量业绩。Heilmann(2008)指出,在绩效考核体系中,中国官员已经采取各种手段吸引流动资源和促进地方经济发展以得到提升。为了吸引资本流入(FDI)促进本土企业的发展,地方政府通常会削减公司税和提供公共设施项目(基础设施、教育、卫生等),而这将影响公司绩效(Li&Zhang,2007)。在税收优惠方面,Zhou(2012)指出,区域竞争允许地方政府对区内企业代表等给予利益,从而吸引资本。Li&Zhou(2007)发现,对于资源的竞争,地方政府积极参与股票上市公司的盈余管理,并提供大量的税收优惠和政府补贴。地方政府间竞争的另一个关键策略是提供优良的基础设施项目和公共物品的奖励。这可能吸引外国投资以及促进区域发展(Li&Zhang,2007)。Luo(2009)发现地方政府公共支出结构更侧重于基本建设,而对人力资本和公共服务投资有所减少。对财政分权和竞争绩效的评估是这一现象的根源。Yu 和 Pan(2008)引入新古典经济增长模型中的政府官员的绝对绩效评价并发现,提供给地方政府官员适当的激励可以转化成一种用于基础设施投资的驱动力。因此,地方财政支出结构的变化显示了对区域竞争下企业绩效的影响。

3. 区域竞争是指在竞争中的地方政府层面的竞争。在本书中地方政府仅指省级地方政府。亚当·斯密提供了对区域竞争力的第一项研究(McCreadie,2009)。在《国富论》中,斯密说,税收和公共品的供给与地方政府竞争有关。基于 Tiebout(1956) "用脚投票"模型,Buchanan(1965)解释说,为了吸引更多的投资,地方政府将减少对企业纳税。其他地区也将减少税收并使公司获得更多的投资。这可以导致区域竞争。通过提供公共产品,当地政策给予支持,并使得企业获得人力资源、资本、技术和其他元素(Barro,1990),这让这些地区获得一定的竞争优势。最近 Benassy-Quereet(2007)对当地基础设施的获得的研究取得了相同的结果。Heilmann(2008)认为,地方政府竞争主要体现在地方财政支出上,并介绍通过"地方政府的支出"作为一个变量的经济增长模型。在下面的案例中,本书也把财政支出作为地方政府竞争的代理变量。

4. 附录部分数据整理和研究讨论特别感谢南开大学经济学教授踪家峰的支持和帮助。

附 录

一、研究目的

本研究的目的是为在政企关联这方面的研究文献提供可能的支持,探讨中国民营企业在区域竞争市场这样一个特定的商业环境下政治关联对绩效前景上的影响。本研究建立了从两个角度出发研究这个问题的理论框架。首先,本研究提供了一个实证检验,证明政治关系对中国私有公司业绩的影响;其次,本研究也测量了地方竞争对当地私有公司绩效的影响。

Heilmann(2008)指出,政策试验的目的是促进国内生产总值和鼓励当地企业发展,因此法律的限制被忽视,行政权力不被重视。在这种情况下,制度发展滞后与显著的经济发展形成鲜明对比。软预算约束、误导、浪费的项目和普遍的腐败从这样一种激励环境中延续(Naughton,2010)。在日常商业实践中每一个交易慢慢变得可超越法律,民营企业及其成员因此逐渐失去对法律的尊重(Heilmann,2008)。这当然引起了各种问题:比如就业、公平竞争和分配等,"利润最大化"成为公司和其成员的唯一目标。

另一方面,地方政府鼓励每一个机构尽可能夸大所谓的在他们的地方的"杰出成就"。同时,地方政府也提供激励措施(减税,给予豁免的规定,提供额外的资源和业务渠道等)。Heilmann(2008)指出,地方政府可以给予企业某些特定的税率。这样的税收使企业管理者与地方政府扩大他们的网络。另一方面,企业会"奉献"于当地政府基础设施建设,这通常会导致亏损,因为企业希望得到在此之后的政策好处。这将继续建立在乡、县经常发生的比实际上更高的政府赤字上。

在政策实验主义下的私人企业和政府政策之间的密切联系中,值得注意的是,这种特殊的企业行为完全取决于处于平衡状态的结果,继而产生的战略决策发挥于政治博弈中,存在于私人企业和地方官员参与的过程(必须指出的是,这种行为也包括关系礼制的认知根源)。这也解释了为什么中国这样的制度安排显然功能不佳但经济仍然通过相互强化机制不断增长。从长远来看本研究不知道这样的行为是否有助于公司的可持续发展。所以本研究继而进行这些政治关系利益对中国民营企业绩效影响的研究。利用一个全国范围的民营上市公司数据库,进行一项实证分析,旨在确定民营企业在一个区域竞争的背景下政治关系对企业整体绩效的影响。结果表明,民营企业的政治关联反而降低了企业绩效。

二、研究设计

样本数据来自于2003~2008年的270个在上海和深圳A股上市的民营企业。所选择的公司特征数据取自Wind数据库,并已经剔除缺失和某些极端数据。关于政治关系的信息也来自Wind的数据库,有的来自于出版的个人传记;自上市以来发表的董事会主席、高级经理和其他董事会成员的相关信息在文中的数据表中会有所标注。作者首先在Wind数据库中查阅该公司的年度报告,找到自开始上市后每年出现的董事长和总经理,观察他们之前是否担任政府官员,是否在同一年或以前的全国人大任职或担任过政协委员代表。省级财政支出和省人口数据均来自于 CEI 网数据库。

在这项研究中的模型参考 Fan(2006)和 Luo (2009)的理论。除了企业绩效(Peng&Luo,2000)、政治关系(Williamson,1991;Che & Qian,1998;Henisz & Zelner,2004)和财政支出(Khwaja & Mian,2005;Agrawal & Knoeber,2001);其他控制变量包括公司规模(Fan,2006;Bertand,2006)、金融杠杆(Li & Zhou,2008)、增长空间(Hoskisson, Eden, Liu, & Wright,2000)、股权结构(Fisman,2001;Ramalho,2007)和行业划分(Li & Zhang,2007)。不同于其他模型常用的 OLS 分析,本模型采用固定效应模型和动态面板 GMM 模型。本研究分析模型对企业绩效在区域竞争背景下与政治关系的影响。本研究的模型为

$$Y_{it} = \alpha_{it} + \beta_1 X_{1it} + \beta_2 X_{2it} + \mu_{it}$$

变量名称在表 4A.1 中展示。

表 4A.1 模型 I 中的变量

变量	MODEL
Y	ROE
Variable X_1	Political, Fiscal Expend
Control Variable X_2	Size, Leverage, Growth, TOP1, Industry

Y:因变量

ROE:盈利能力是由"股本回报率"衡量。

X1:独立变量

Political:作为虚拟变量,它反映了政治联系。如果上市私人公司的董事长或总经理曾在政府部门工作,或在全国人大或政协工作,变量是 1;否则,它是 0。排序后,中国民营企业的高管政治关联的统计表在表 4A.2 中给出。2003~2008 年,有政治关系的企业数量略有下降,但总的比例一直维持在 40% 以上,表明民营企业的高管有大量的政治关联。

表 4A.2 中国私营企业高管的政治关联

年份	2003	2004	2005	2006	2007	2008
有政治关联的企业的数目	136	129	127	120	120	121
百分率/%	50.37	47.78	47.04	44.44	44.44	44.81

Fiscal:反映区域竞争力的财政支出,由省级人均财政支出现状决定。

X2:控制变量

X2 是用来描述公司的特点,包括公司规模、股权结构、财务杠杆、成长的机会和行业等。

Size：规模由总资产的自然对数测量。

Leverage：总负债对总资产的比率。

Growth：近三年平均每年的销售额增长律。如果公司上市不到三年的时间，则以每年的实际数据计算。

TOP1：由本公司的第一大股东对公司总股份持有的股份比例，数据来自于每个会计期末的统计结果。

Industry：垄断行业、国家支持的行业和高度管制的行业（包括金融、房地产、石油、采矿、农业、建设）具有更高的经营利润率，将其定义为1，否则为0（表4A.3附详细数据描述）。

表4A.3 数据描述

变量类型	简写	变量名称	来源
因变量	ROE	盈利能力由（ROE）测量	在深圳/上海证券交易所上市公司的年度报告（WIND）http://www.wind.com.cn/
自变量	Political	作为虚拟变量，它反映了政治联系。该变量是1，则上市私营企业的董事长或总经理曾在政府部门任职，或在全国人民代表大会或人民政协工作，否则，它是0	公司董事会、高级管理人员及董事会成员的报告（WIND）http://www.wind.com.cn/
控制变量	Fiscal	财政支出是反映区域竞争的财政支出，目前由省级财政支出的人均值测量	CEI的省财政支出报告 http://db.cei.gov.cn/
	Size	用总资产的自然对数衡量	在深圳/上海证券交易所上市公司的年度报告
	Leverage	总负债与总资产的比率	在深圳/上海证券交易所上市公司的年度报告
	Growth	过去三年的平均销售增长，如果公司上市不到三年，则应以实际数量计算年数	在深圳/上海证券交易所上市公司的年度报告
	TOP1	第一大股东持有公司股份的比例为公司总股份，在每一个会计统计周期末的结果	在深圳/上海证券交易所上市公司的年度报告
	Industry	垄断行业、国家支持的行业和高度管制的行业（包括金融、房地产、石油、采矿、农业、建设）具有较高的经营利润率被定义为1，否则为0	CEI net http://db.cei.gov.cn/

变量的描述性统计见表4A.4。

表 4A.4　因变量和自变量描述

变量	样本	平均值	标准偏差	最小值	最大值
ROE	1 620	0.057 572	0.198 785 9	−1.838 6	1.629 6
Political	1 620	0.464 815	0.498 914 5	0	1
Fiscal	1 620	7.882 595	0.624 287 5	6.608 4	9.528
Size	1 620	16.460 04	1.010 963	7.709 08	23.078 78
Leverage	1 620	0.512 218	0.343 603 1	0.008 143	9.195 767
Growth	1 620	1.912 877	14.636 74	−137.075	313.577 4
TOP1	1 620	0.331 213	0.141 409 2	0.044 9	0.768
Industry	1 620	0.277 778	0.448 041 5	0	1

三、结果和讨论

本研究用回归模型 I 分析解释得出的结果。通过固定效应模型和随机效应模型分析面板数据,出现了一些分歧。基于 Hausman 检验结果,本书丢弃随机效应模型,选择固定效应模型作为本书的回归模型。另外,本书使用动态面板数据模型分析 ROE 是否和净资产收益率相关。

1. 描述性统计和相关性

为了获得原始变量之间关系的统计描述,本书用 Stata 为主要软件研究变量,并进行 Spearman 相关系数检验。Spearman 相关系数,也被称为秩相关系数,属于非参数统计方法,以线性相关分析两个变量的秩的大小;然而,原始变量的分布是不需要的。结果表明,净资产收益率和政治关系、财政支出、企业规模、增长空间、杠杆和产业明显相关,它与最大的股东占有股权显著不相关。政治关联与净资产收益率、企业规模、增长空间和产业明显相关,但和财务支出,或大股东股份和杠杆没有明显的关系。具体的结果显示见表 4A.5。

表 4A.5　样本变量数据的 Spearman 相关系数检验

Variable	ROE	Fiscal	Political	TOP1	Size	Leverage	Growth	Industry
ROE	1							
Fiscal	0.107 1 (0.000 0) ***	1						
Political	0.112 8 (0.000 0) ***	−0.031 2 (0.209 4)	1					

续表 4A.5

Variable	ROE	Fiscal	Political	TOP1	Size	Leverage	Growth	Industry
TOP1	0.044 (0.076 6) *	-0.026 2 (0.292 1)	-0.002 5 (0.919 8)	1				
Size	0.297 2 (0.000 0) * * *	0.162 1 (0.000 0) * * *	0.119 (0.000 0) * * *	-0.065 1 (0.008 7) * * *	1			
Leverage	0.040 8 (0.100 6)	0.045 5 (0.067 2) *	-0.000 6 (0.979 6)	0.029 2 (0.239 8)	0.280 3 (0.000 0) * * *	1		
Growth	0.661 5 (0.000 0) * * *	0.129 2 (0.000 0) * * *	0.101 3 (0.000 0) * * *	0.059 3 (0.016 9) * *	0.167 3 (0.000 0) * * *	0.069 5 (0.005 1) *	1	
Industry	-0.046 6 (0.060 6) *	-0.007 2 (0.771 5)	0.146 (0.000 0) * * *	0.048 4 (0.051 3) *	-0.029 8 (0.229 8)	0.221 6 (0.000 0) * * *	0.037 5 (0.131 7)	1

Note: The brackets are p values, * indicates significant in the 10% level, * * indicates significant 5% level, * * * indicates significant in the 1% level

2. 回归结果

模型 I 通过固定效应模型和动态面板数据模型研究企业绩效的决定因素。回归是按以下顺序进行的:

(1)第一固定效应模型包括政治关系(Political)、财政支出(Fiscal Expend)与其他控制变量。

(2)第二固定效应模型分析了净资产收益率(ROE)与政治关系和财政支出之间的关系,不包括控制变量。

(3)第三固定效应模型和动态面板模型只分析政治关系的影响,所有的控制变量对公司绩效的影响。

回归分析的结果都是显著的,且互相支持。如表 4A.6 显示测量结果。

表 4A.6　模型 I 的回归结果

Model 1	FE	FE	FE	GMM
Dependent variables	ROE			
ROE One Lag				0.225 3 (0.000)***
Political	-0.041 3 (0.056)*	-0.042 1 (0.058)*	-0.047 1 (0.029)**	-0.212 7 (0.056)*
Fiscal Expend	0.042 05 (0.009)***	0.059 8 (0.000)***		
Leverage	-0.036 5 (0.077)**		-0.020 9 (0.291)	-0.059 4 (0.046)**
Growth	0.003 0 (0.000)***		0.003 0 (0.000)***	0.003 3 (0.000)***
Size	0.004 4 (0.758)		0.023 5 (0.057)*	-0.026 5 (0.234)
TOP1	0.002 1 (0.03)**			
Industry	omitted	omitted	Omitted	
Constant	-0.315 6 (0.140)	-0.394 1 (0.000)***	-0.303 9 (0.146)	-0.021 9 (0.756)
Sample Size	1 620	1 620	1 062	1 080
R-square	0.041 6	0.011 4	0.070 2	
Sargan				42.43

Note: The brackets are p values, * indicates significantly in the 10% level, ** indicates significant 5% level, *** indicates significant in the 1% level

四、分析

我们得到了一个显著的地方政府财政支出与企业绩效正相关性之间的联系。通过数据验证了本研究的第一个假设。省级政府的财政支出越高，公司业绩会越好。在同样的支出结构下，一方面，在区域竞争中占据一个高水平的财政支出领域，会给该地区带来更好的基础设施和公共资源，以及医疗保健和教育的改善；同时这些地区的企业也会获得税收减免政策。所有这些都给企业一个良好的外部环境。另一方面，水平较高的地区财政支出，财务管理和市场的资源配置可能会给企业带来绩效的改善，该地区的经济发展可能会更快。

模型 I 的测量结果，反驳了本研究的第二个假设。结果表明，政治关联与企业绩效负相关，表明有政治关系的民营上市公司绩效比没有政治联系的企业更糟。那就是，政治联系对民营企业积极影响为负。政府作为私人上市公司的"掠夺之手"。民营企业绩效与高管的政治关联显著负相关，表明政治关系不会带来公司业绩的改善，即政治联系自己缺乏"效率"。这个结论与其他使用 OLS 方法的研究（Luo，2008；Yu&Pan，2008）结果有明显差异。OLS 方法需要在不同年份的同一企业的不同个体进行回归，并可能忽略了同一企业的情况的变化。本研究使用的面板数据回归分析，可观测 2003～2008 年的同一企业净资产收益率的变化。这种回归方法能够更好地描述这个问题。

额外的结果：固定效应模型结果的测量表明，公司财务杠杆对公司绩效有负面影响。在结果中杠杆融资成本程度的增加，不利于企业的盈利能力。积极的相关性可以在增长空间、公司绩效中体现。公司销售在企业快速发展的过程中增长，企业绩效就会自然提高。当企业发展速度放慢，公司的业绩将会下降。这和本研究的预测一致。公司规模与公司绩效的关系是不确定的。大型企业的盈利能力不一定高于规模较小的企业，这与本研究的假设也一致。股东的最大份额和公司绩效的关系不显著，经营绩效不随股东控股增加或减少而变化。

GMM 模型表明，目前的净资产收益率和之前的净资产收益率显著正相关，前净资产收益率的回归系数显著为正，这意味着公司业绩也受以前的净资产收益率的影响。如果上一年的企业利润水平高，那么企业将保持较高收益的可能性。如果在以前年度公司亏损，那么下个企业年可能会看到类似的损失。

五、结论

本研究的测试，以 2003～2008 年 270 个在上海和深圳 A 股上市的民营企业为样本，在区域竞争环境下对公司绩效和民营企业中具有政府背景的高管的影响进行测试。实证结果模型支持 Shleifer 和 Vishny（1994），Fan（2006）和 Facio（2006）的理论：长期来看，政治关系的建立将减少民营企业绩效，表明政府是民营企业的"掠夺之手"。关于区域竞争，固定效应模型试验表明，地方政府的财政支出（反映区域竞争程度）与公司盈利能力正相关。地方政府财政支出偏向于生产性支出，如改善当地的基础设施、区域卫生和教育水平，提供适当的税收优惠政策，为企业提供良好的外部支持。在这个意义上，财政支出的扩张将有利于公司绩效的提高。这和本研究的假设一致。区域竞争成为企业建立政治联系的最重要的原因。然而，相反的是，政府和企业希望加强政治联系，促进相互关系，这种政府和私营企业之间的政治博弈的均衡，并不一定会为企业带来长期的利润。

第 5 章　基于知识理论的企业

必须指出,中国的社会秩序体系是由礼制而不是由法律组织起来的,这依赖于公认的群体利益而不是个体的责任。在商业方面,中国社会官方的特权超过了某些法定权利。

一个由 Faure(2006)引发的关于中国企业的争论表明,中央政府的力量已经在政治角度被看成对整个社会的礼制秩序的支柱,在此基础上商业活动也有助于维持秩序的稳定。因此,中国企业从来没有把自己作为法律的个体,并大多情况下回避了西方企业的"商务促进和产业帮助"的模式。在 16 世纪,中国看到他们的政治利益出现在国家礼制、秩序对所有成员的既得利益和权利的保护上。与欧洲不同,其制度到达了一个个人主义思想可以依靠法治使其权利可以得到在商业和政治上的发挥作用的阶段,而中国发现了礼制的权力可以作为一种管理工具并扩展到商业活动中。

商业是家庭经营运转必需的另一个支柱。社会关系允许家庭以村为单位并触及其他地区以调动相互资源。社会制度和基于血缘和村的集体网络关系也起到了关键作用(Zhou,2012)。

在本书以往的讨论中,企业行为可以被视为一种创造利润和达成目标的方式。然而,中国企业的行为也显示了一个由共同的信仰形成的价值观和身份的象征性表达。对于个人而言,这种象征性行为(视为中国的礼制)在帮助他们融入大的社会结构中起着至关重要的作用,在这个改变的过程中礼制作为组织文化与其他社会结构产生互动(Aoki,2010)。另外,政治关系对公司绩效产生负面影响(第 4 章附录案例),企业家不赚钱,也无法为自己创造其他利润。这样的礼制功能不佳的现象仍然长时间稳定在区域竞争背景下。而在企业社会责任案例中(第 3 章附录),本书发现中国企业社会责任活动的目的是为了节省政治成本。文化提供了"利/义"礼制(责任第一,效益在后),并进一步激发企业缓解政治成本(通过捐款,通过接手政府的非营利项目)培养与政府的密切关系。因此,企业的行为也被认为是符号、表达式、分配认知和在社会政治背景下出现的制度架构,并作为个体 – 群体行为和惯例(Bourdieu,1977;Radcliffe-Brown,1952)。重复式的行为形成了礼制,并反过来影响企业和个人的行为。

文化、政治、思想和礼制,都有助于涉及形成制度发展演变的多样性过程,并包含在企业结构与策略设计中。有些模式是地方性的,有些成为全球化的跨国公司的行为。在进化过程中,政治影响、文化环境和历史遗产将影响和改变演化过程(Bloom & Reenen,2007)。在第 3 章中,我们已经看到,在中国,企业绩效与企业的政治关系,以及和文化支撑的礼制模式密切相关。在讨论这些礼制时,本书不只是指内源性的文化赋予企业成员内部的规则(企业家创新),而且这些也是外生条件下的政治博弈。在中国背景下,基于企业外部的影响,本书在第4章讨论了政治关系的企业礼制研究,并测试是否这些关系确保了国有企业和私营企业的稳定。在这场争论中,政治和文化都减少了企业的工人和管理人员内部的认知距离,并拉近外部和政府官员、监管者的距离。

因此,新的外部战略的制定和企业内部的制度实施相互关联。在第3.4.3节,企业家创新并协助股东、管理层和员工共同形成组织文化和认知,整合治理以及影响公司战略。因此,企业也需要共同维护和重组认知技能,这些可以最终为企业产生有用的新知识,并最终用于社会(Schumpeter,1934)。

Aoki(2010)解释说,认知是人们在一起作为一个集体的特征。常见的知识可以看作是这种集体特征的假设,并形成所有成员共享的相同理解。Aoki的观点增加了一个新的解释:知识是分散的,以及知识如何连接企业行为和社会秩序。企业在这里被认为作为积极参与内部和外部的社会互动关系的一分子,也改变他们所依赖的社会秩序。

5.1 认知、礼制和知识

集体认知可以看成基于文化背景中的政治和社会博弈的结果,这也被当成普遍的知识被共享。在中国,这样的知识先在问题出现的本土环境中显现。这是因为非正规制度通过违规的方式,将活动集中在局部范围内的商业网络中(Herrmann Pillath,2011)。根据Deakin(2010)的看法,这样的从非正规实践中学到的实用的知识,结合对异端的混淆和误解,形成合法正规的制度。在Aoki的眼中,很多未来的研究工作都需要在管理科学制度的演进过程中完成。

有了在社会博弈中企业行为演变的一个概念性的框架,现在本书把它放在当代的背景下结合加以分析。几十年前,公司治理的方式在各个国家有所不同,这可能是由于带有明显的民族特色并镶嵌在不同的文化和政治制度中不同元素存在的原因。在处理这些问题的环节中,传统上有两种对立的观点:股东价值与利益相关者的视角。前者的观点源于对企业利润最大化追求的新古典主义的观点。后者表明,企业经理应该对董事会、员工、客户,特别是整个社区负责。大多数人认为,在实践中,这两个观点之间的差异并不明显。如果和股东的利益观念相反,企业没有实现盈利,那么它将无法生存。所以利益相关者会受到伤害。因此,有人认为,双方的观点可能会导致类似的法律和合同上对管理者行为的不同规制(Aoki,2001)。Aoki(2011)提到,从利益相关者的角度出发,无法找到一个清晰的关于经理如何跟随多方利益相关者的平衡规则。

在全球一体化的压力下,企业一直在经济金融市场和企业跨国化的背景下进行改变。然而,述行理论认为,多元化的企业架构是内生性的更在全球规模上通过跨国家的多样性得以体现。这也是由管理层和员工的认知资产出发增加的相应要点(Herrmann Pillath,2010)。本书认为无论是股东或利益相关者的看法,公司治理的研究和通常的规范方法有所不同。

首先,本书采取确定不同治理机制的办法。企业可以被看作由三种基本参与者组成

(根据背景连同其他附属参与者)的互动战略类型:①提供金融资产的股东;②投身在组织中作为人力资产的工人;③在不确定的环境下,赋予指导这些资金和人力资产的经理,但他们也可能有他或她自己的利益(例如,收入、职业发展、福利和生存)。然后,本书发现公司治理制度是由自我实施统治这样的战略互动机制的参与者完成的。Aoki(2010)表示,公司治理机制就是在企业组织中一套自我强制执行的规则(正式的或非正式的),对利益相关者队伍的选择(股东、员工和管理人员等)。在不同的等级水平,管理人员使用工人的具体认知资产作为交流工具。行为可能是由某些礼制或者甚至没有经过任何内部培训的工人创造的(第3,4章)。此外,全球化的市场竞争背景下,工程师、技工、专家的认知资产在实施创新和竞争战略的企业管理中将发挥不可或缺的作用;因此,员工将获得较少的认知任务。

这将在企业领域中创建一种双重结构。如果本书更详细地分析这种演化经济学中知识涉及的相关领域,礼制似乎是一个非常复杂的现象,在这两种知识中,显性[1]和隐性[2]知识产生互动。如所谓的创新系统,知识形式的出现被看作是从知识嵌入到系统的创建、处理和应用中(Debowski,2006)。显性和隐性知识对企业具有不同方面的贡献。根据他Debonski的介绍,显性知识是一种技能,是可以学习、变换、存储、修改的,并由公司的个人直接分享的;相反,隐性知识,直接来自个人的经历和相互作用(Debowski,2006)。

不断变化的全球多样性管理出现了部分老的和部分新的问题:收入差距的扩大,金融工具使用,认知资产分配,科技和获得知识的机会等的不平衡的矛盾。例如,iPhone在美国设计,在中国组装,但其零部件来自不同的供应商。没有一个协调一致的努力,没有在不同学科的在机械工程、制造工程、材料科学、信息技术、工业设计、软件开发、创造价值、政策研究等的认知资产结合,不可能出现有前途的结果。这也表明认知资产联动可以被创建,并通过市场分享知识。虽然这不是详细谈论市场的地方,但知识管理也意味着其被创建后保存的难度。因此,高校之间的网络协作、研究机构和企业在知识创新过程中的互动等发挥了举足轻重的作用,这已经成为一个越来越重要的企业在市场上的竞争优势。

本研究还发现,企业如何管理自己以及发挥政治和社会博弈对公共治理的嵌入框架的引进,并达到这样的博弈平衡状态具有重要的意义。本书认为,企业视"平衡"为理所当然的状态为基础,自动作为组织博弈/惯例的规则,与此同时其他企业成员可以创建、共享和使用知识。这种平衡行为的信念需要共同的知识(Aumann & Brandenburger,1995)。这种常识/制度创新是复杂的,需要组织之间的专业知识和合作,也需要非政府组织、政府等对不同学科的借鉴,更需要在政治和社会博弈中战略制定与实施的人的相互促进关系。这些类型基于在不同的环境中进行知识管理对企业主要职能的理解或解释,对自身知识如何积累和对今后知识应用的反馈和发展。在中国,企业经济与文化根源的发展关键取决于企业级的博弈(第3.3.1、3.3.2节),以及在国家和全球范围内的政治层面(第4.2.4节)和代理人之间的互动。

从这个角度来看,就像Aoki(2010)提到的,知识是一个流动的复杂过程,从人类思维的认知特点(如一般概念和隐性知识之间的区别),经历工人分工的组织特性(如组织礼制),到研究制度如何驱动知识的产生,不一而足。知识似乎没有一个明确的实体,但似乎接近构成系统的其他元素的各个方面。在这个意义上,知识似乎是一个系统的性能,而不是一个单一的项目。

如何链接个人显性知识、隐性知识和企业共同的知识?"实体制度的概念"(Aoki,2007,2011)可能是有用的。这和关于制度有很多唯心主义理论,特别是博弈理论有很大差异。在其目前的情况下,博弈论建立在唯心主义和知识处理推理的概念基础上。在分布式认知框架下,知识被看作是体现在物质的结构中,其中,正如我们将要看到的,重要的意义在于在互动中参与者的身份被如何假设(Herrmann-Pillath,2010)。唯心主义的方法将制度作为精神/共同知识个体之间的协调状态的反应,特别是基于隐性知识与显性知识的相互确认的期望感。Herrmann Pillath(2011)认为,知识是在总结出某些公共表示状态下和由所有参与者感知(在企业内部,在市场博弈外部)并引起的其成员的信念,以及公司内部(外部)隐性和显性的知识的总结。如果这些总结陈述没有充分反映和完善有关博弈状态的信息,而他们的发展在这样的博弈均衡状态中再现,知识的隐含状态就会被破坏。这种述行过程可以看作是创造、获取、学习、提高、混合和丢弃知识的过程。Herrmann Pillath(2011)表示,在分布式认知框架中,知识被看作是体现在物质的结构中。其中,正如我们将要看到的,重要的意义在于,参与者互动的身份被鉴别。很多与述行理论相悖的理论完全依赖于分布式认知的框架中的推理知识,认为行为不是由知识作用引发的,但知识本身就存在于物理的结构中并导致行为的发生。

5.2 知识管理

为了捕捉隐性知识和显性知识,并感知共同知识,知识管理模式在企业中提供了许多工具和方法。

许多管理咨询企业对知识管理的研究和发展做出了大量的贡献,并在企业中实施不同的知识管理模式。Arthur Anderson 业务咨询公司介绍了两种参与知识管理的重要活动,过程和手段都有所不同(Chang,2002)。知识管理过程包括创作、识别、收集、组织、共享应用、输入等。知识管理的手段包括战略管理、企业领导、企业文化、绩效评价和信息技术。IBM 认为,知识管理应该包括知识共享和知识的学习,其中有四种模式:创新、技能、能力和生产力(Mentzas, Apostolou, Abecker, & Young, 2003)。纳普咨询认为,知识包括五个要素:学习、培养、考核、技术和责任(Ma,2000)。在这些要素中,文化和技术被视为对知识管理绩效最重要的影响。微软注意到知识管理可以实现组织战略,其中最重要的三个因素,强调的是组织、过程和技术(Chang,2002)。毕马威在 1999 年提出规划知识管理的三个基本服务:意识、战略规划和执行。知识管理同时也维护和加强三个基本服务的发展和转化过程。Lotus 分析两种不同的技能取决于知识管理的优势。软技能包括企业文化、沟通、信息共享和小组合作,而硬技能包括信息系统、文档管理、信息技术等。

从上述来源来看,知识管理提出了对过程观察的各个角度。基于动态知识管理模型(图 5.1),本书在这个动态过程中将常识、隐形和显性知识和人相连接,概括了各个管理顾问公司提出的企业知识发展的不同的方法。在图 5.1 中,七个相互关联的相互活动,展示了知识管理的实施过程:获取、整合、存储、共享、传递、创新、应用等隐性知识作为企业文化,包括共同的信念、共同的认知、习惯、价值观、身份等。显性知识主要是作为企业的技术、数据、IT 系统等。最后,人在知识管理的过程中进行七项活动,这也是这一模式的关键因素。管理必须靠人,因此他们可以学习、分享知识,将它应用在新的制度环境中,并在必要的政策背景下改变它。与常见的模型对比,本书修改了旧模型,并加入普通知识,因为隐性知识和显性知识必须与普通知识交流并满足企业成员的期望。

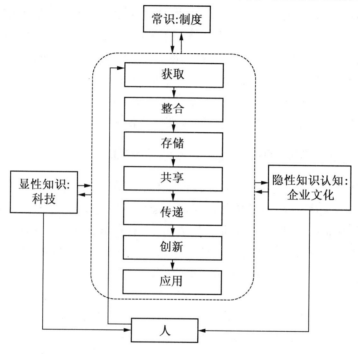

图 5.1　知识管理的进程

引自:Guo (2014)(译)

　　知识的获取、集成、存储、共享、传输、应用都涉及知识管理的实现过程。隐性知识与显性知识在这个系统中相互作用。通过新增加共同知识,隐性知识和显性知识将与其相互交流,这个过程最终达到所有公司成员的期望。

　　本书想强调的是,研究方法是从理论和实证两个方面进行比较,而不是进行规范设计。与其试图设计出最理想的(制度、法律)结构去控制和管理知识(例如,详细讨论如何通过捕捉、存储、共享、学习知识、开发和探索企业文化和信息在企业内实施知识管理的技术),本书试着去理解为什么会有多样性知识管理,并想进一步讨论中国背景下的知识管理,在研究中发现它的多样性和复杂性。

5.3 中国企业的知识创立

正如已经讨论的,中国企业认为政府在规则产生的过程中起到重要的作用,在这个阶段,礼制在社会博弈均衡的结果中被创建出来(如政治关系、企业社会责任活动)。这就是"常识"发生的过程。本书的观点是述行理论的支持有利于理解在社会中从企业常见的知识传递给每一个成员的安排。因为企业是由个人组成的,像社会上的每个人一样,都受到了他们以前的认知限制,知识(显性和隐性知识)、制度、法律规则和其他规则设置(所有可以被视为常识并在传统文化背景下被内生创造)在政府规则下的影响,并在企业中将隐性知识和显性知识结合。在这一部分中,本书把这种知识形成的方法带到中国企业的实践中。中国知识管理实施的复杂性和多样性表明,知识管理不只是一个简单的工具,更是中国企业的基本管理方法。这需要认知资产的结合,共同的信仰的采用,相似的价值观的分享,同样的身份的确立,团队策略的收集与实践等。

5.3.1 内部知识管理:信任和社区实践(COP)

与文化传统在第 3 章和第 4 章被讨论的一样,中国企业依赖非正式的、隐性的沟通形式:礼制,通过人际接触而不是通过正式或书面(法律)手段传递知识。这种依靠人际接触(政府官员和企业管理者,在企业管理人员、政府官员和非官员)抑制编纂和限制信息的传递,由此为自身获取更多的技术信息和知识(Martinsons,2004)。中国的管理者很少获得或接受其下属的知识;他们更愿意相信"自己人"在网络间的个体关系而不是专业的研究和法律文件的帮助(第 3.4.3 节)。

在中国的企业,工人和管理人员之间的沟通是经过严格控制的。管理者与工人的联系非常有限,这忽视了团队建设的重要性。由此创造了一个巨大的工人和经理层之间的代沟。这样一个独裁领导的模式带来企业的不确定性(Guo,2014)。Chen(2005)指出,因为这些不确定性妨碍管理者和员工的信息的沟通,知识也不能够被及时分享和学习。在本书的企业文化调查中(第 3 章附录),西方公司企业文化集中于领导,尊重个人和团队的工作。稳定性和确定性通过日常的沟通、信任、理解和支持相互加强。

因此,Burrows(2005)指出,信任成为知识管理过程中重要的一环。Buchman & Meek(2005)认为,在知识共享和学习阶段,管理者应该给工人足够的信心,允许他们犯错误。在中国,一些企业仅仅依靠低技能劳动力获得发展。例如在富士康,换班和不间断的工作使员工的沟通渠道被经理切断。相比之下,在著名的美国化学公司 Buckman 的实验室中,员工乐意对管理给出自己的思考建议。员工自己创建的企业文化,帮助他们充分沟通和协作(Buchman & Meek,2005)。在公司的每一个人的道德规范都应该被重视;因此,不管作为个人和作为一个团体,他们每个人都认为自己的价值都得到了体现。另一个例子在安永,为了创造一个更好的环境,安永的管理者设计了一个性能测试系统帮助员工分享知识。事实上,连续的交流已经在训练阶段展开。价值观在职业发展训练课程中被创建。沟通的技巧、学习信息和公司结构在一开始就被明确清晰地规定。今天,许多组织都注重组织实践的应用并培养知识和最佳实践。这样的公司和组织包括 Johnson and Johnson、Xerox、Chrysler，以及世界银行等(Faure,2006)。这些组织已经建立了一个彼此间信任系统，这有助于知识的教学、学习和转移。

实践共同体(COP)是长期以来存在的非正式的、自我组织的社会群(Wenger,1998)。它对在日常生活中的所有相关人员的组织起着重要的作用。事实上，"实践共同体"作为一个新的概念首先由 Wenger(1991)在20世纪所介绍。COP 已经慢慢在许多企业的知识管理系统的开发中得到运用。它有助于管理者与个人分享知识，促进充分学习知识(Coakes & Clarke,2004)，就像 Coakes and Clarke 描述的：

> COP 正在成为全球组织的核心知识战略。当人们聚在一起分享和彼此面对面学习时，实践共同体的知识主体的共同利益被一种欲望驱使结合在一起，这是对需要解决的问题、经验、见解、模板、工具和最佳实践的分享。
>
> ——Coakes 和Clarke (2004，p. 92)

通过这样的活动，员工们开始互相信任。个人可以评论他们的直觉和调动他们的认知。COP 因此创建共享的身份和信仰。沟通障碍被由个人自发实现的知识学习、知识转移的过程所取代(Wenger,1998)。在 Oracle 的例子中，公司内部的许多组织，促进有效的团队工作，表彰和奖励他们的成员并提高他们的团队合作能力。组织间也相互作用，定位他们自己并为彼此创造共享价值(Rao,2003)。

Rao(2003)提出，中国企业为了建立 COP，应该首先建立一个知识型员工团队，并实施知识管理。在这样的一个知识员工团队中，每个人都要承担自己的责任。Newell (2002)认为，高质量的教育会增加个人运用他们的技能来解决问题的能力。在这个过程中，知识管理通过知识工作者的作用、项目联动和团队合作，融入到企业日常工作生活中。

5.3.2　外部知识管理：决策选择与隐性知识

中国企业基于身份等级的管理制度限制了知识的纵向转移(例如，第4.2节中央与地方的关系，第3章附录企业文化案例中企业与个人的关系)。在整个中国社会的知识传递通过主要组织成员共享，并形成集体的礼制。因为由政府和监管机构颁布的规则缺乏透明性和稳定性，高级管理人员往往依靠信任的政府官员(有良好关系的关系)的信息来分析和解释外部的环境，而不是创造价值的认同，进行企业文化的分享，创造企业整体意识等方式。更普遍的是，处于决策层的企业管理人员，以及政府官员，行为比较含蓄，依靠礼制这种类比的和关联性的思维，而不是使用理性思维分析手段(Nisbett,2003)。在中国的企业一个新的共同的知识/制度的创造是由外部单向输入的，这限制阻碍了信息在公司的流通和传递(Martinsons,2004)。

第4.2.4节给出了一个基于政治关系的应用实例。民营企业管理者不知道知识管理的目的，因为他们只注重短期的利润最大化。政策的不确定性和竞争激烈的产业环境约束了经理和股东的长期计划。在现代中国地区性的竞争环境中，企业管理者有各种非正式的和非法的措施来建立网络，获得资源，取得低价格的劳动力，得到有利的政策，形成对行业的垄断。这些企业可能会遵循"隐性常识"（见第3章企业社会责任实践、第4章政企关系的实践的介绍）。许多中国企业已经学会通过关系网络而不采用知识技能技术（显性知识，例如山寨产品替代真正的科技创新）或企业文化（隐性知识：双面企业文化）得以继续生存。由于管理人员发现，企业可以在很短的时间内获得利润，他们不对知识管理创造的长期可持续发展感兴趣。这是一个关键的错误信号并可能导致组织的经验损失或核心竞争能力的丧失，在未来的市场上处于劣势（而负面案例已在第4.2.4节中指出，民营企业的政治关系不一定带来长期利益）。

这是两个最常见的问题，中国企业由于缺乏员工和管理层的信任，这种共同知识隐含的制度在中国限制了信息的垂直传输，而网络使企业管理者和政府之间过于信任。一方面，知识本应该在中国组织的活动中由管理人员和员工相互信任的欲望的影响下共同创造，去尊重但不滥用分级状态，并实现"集体"的目标（往往由企业家决定），并提供了一个知识创造的平台（物力）。另一方面，常识也往往是在政治和社会背景下（势力）政府和企业之间的一个自然的管理过程，而不是努力去创造政府官员和企业家之间礼制行为的关系（人力）。

5.4 结　论

一个知识构建系统应被视为公司的一种基本战略方针，它不是一个简单的管理工具。管理一个公司需要综合运用认知、价值观和信仰，在此基础上实践和战略才能在多样性的背景下得以实现。这是一个复杂的知识建筑的过程（不是信息传递的过程），这可以促进沟通、增进信任。受传统思想的影响，中国的商业行为大多是由礼制展开的。这取决于一个基于真实背景下的知识管理的实践性分析。这主要是因为知识不仅是内生的被有效的团队合作创造，也取决于政治的外在动力。一方面，知识创新是企业文化变革的一个组成部分，被证明有利于公司成员的认知的形成。另一方面，政治形态的制度设计与政府的惯例直接决定了企业的行为，也创造了企业的知识。内部和外部的知识总是相通的，每当面对一个有利润的商业机会时，利益集团的价值观（政府和股东）必须坚持对个体利益与公共利益负责。本书相信，这样的知识管理将会获得社会认可，并将融入到制度演化过程中。

一些重要的变化缓慢地来自于中国企业实践本身，如发展中的企业社会责任、中国商业的道德、工人的公平待遇、更透明的章程等，这都表明政府和企业正试图逃避礼制性行为控制的诸多领域的迹象。在中国，两个重要的问题陆续出现：礼制约束和政府的控制权。个人的价值在这种情况下体现在自主权与责任自动地落在一个更公平的商业环境和一个更有效的法律体系维持的健康社会中。

这意味着，首先，在企业内部，知识管理的过程应该朝着一个更清晰的战略并与所有管理人员和工人都支持的目标前进。因此，中国企业应允许在目标规划中利益相关者的影响。在这个意义上，股东价值必须与利益相关者一致。在这里，利益相关者、个人的价值观和共同的信念应该作为一个整体在商业实践中被考虑，股东价值应该自主地从利益相关者的利益出发并得以实现,而这些工作也确定了公司的目标(Herrmann-Pillath,2008)。

关于股东价值,中国企业应该注意企业长足发展的约束是利润最大化。利润不应被视为公司唯一的确定目标。因此,与其慢慢取代礼制的功能,也可以将标准知识建立在礼制上。Herrmann Pillath(2008)指出,中国企业的管理依靠礼制的实践,影响文化方面的个人。企业家的象征性行动应该指向中国文化的积极方面,并成为知识管理过程的合法性的必要补充。

其次,在这个意义上,中国经济创造了一个外部环境使企业失去了它的竞争优势。在他们涉及的不确定的政治和社会运动中,企业需要更快速更准确的信息环境,因为政策变化具有一定的灵活性并强调技术创新(Liebl,2000)。这就需要在组织和社会交汇的部分产生能够调动共同知识的能力。网络理论认为,时间和空间上最合适的网络模式取决于不同的网络单元的链接(Burt,2000)。这是一个紧密联系的网络,核心组成员应该都有一个共同的身份,共同的价值观和目标,共同的显性和隐性知识,但同时有足够的多样性能够将这些知识转化为外部链接的跨组织和社会界限内的常识(Aoki,2010)。在这个意义上,多个重叠的代理人(公司、政府、非政府组织)的不同背景和制度可以支持个体在博弈过程中不同的层次、部门、组织的跨越,并也被认为具有共享的相同身份。它们之间的相互作用建立了一个复杂的网络结构,与众多的反馈循环阶段一起,导致重复的述行表演(Aoki,2007)。

Searle认为,制度不一定是构建性的,它也起到监管的作用。Herrmann Pillath(2010)将人类商业互动交换和以此引发的相关社会实践看成在具体制度环境中出现的一种独立行为。Kuran(2009)也提到一个西欧资本主义的独特的特点是公司创造了一个虚构的实体,参与者在被赋予一定的权利和义务以前只属于自然人。认识到企业和行为的特点,便给他们的存在界定了一个现代公司和制度的特征。

我们发现在很多世界其他地区的类似情况,如某些交易制度的存在(例如,Arrighi(2007)将中国看作为"斯密经济")。这些"制度"在Searle意义上,是对预先存在的实践的进一步演化。但这些共识或知识相对于制度[4]并不系统地改变行动者的行为方式。这个常识应该植根于在企业中的显性和隐性知识中。通过这个例子,本书提供了一个新的方法去研究企业的行为:知识管理的述行观点。

注释

1. 显性知识和隐性知识的研究方法相反,知识理论认为,知识是可以被个体解释的。显性知识的方法也认为,知识资产可以通过组织内的文件、图纸、标准操作程序、最佳实践手册进行传播等。美国企业强调显性知识的管理(Sanches, 2000)。Cohen(1998, p.23)注意到:"在美国企业中,知识实践最强调集合、分布,再利用和测量现有的知识和信息。"Burrows(2005, p.2)也说:"在这个理性和技术范式内,工人具有捕捉他们的经验的本质,决定什么是相关的,什么值得编纂,并在整个组织体系中传递。专业人员也经常通过信息技术捕捉来分发传播这些显性知识。特别是,企业通常应该支持知识库、数据挖掘、知识传播的投资。美国的知识管理也涉及在国家的私人和公共领域创新和生产力的相互作用。"

2. 隐性知识。企业知识是基于个人的。一个组织的发展取决于其员工与另一个员工的协作。因为员工之间的认知障碍使所有成员的合作变得困难。隐性知识管理策略为企业创造了这种关键的能力。Deakin和reberioux(2009)发现,法国公司在金融市场的强大压力下,往往会增加对核心员工的培训费用,提供更灵活和更高的报酬,而不是减少总部的核心工作人员规模并将工作外包(Aoki, 2010)。在德国,Höpner(2006)表明在莱茵资本主义体制下,为了更专业的表现,股东在企业中与工人合作,共同向管理部门施加压力。这一趋势也导致工会和工人之间长期变化的关系。工会,本来是一个"准公共组织",监督和执行工业协议,使企业越来越具有"共同管理"的支撑作用,并促进公司战略的调整和工人认知财产的提高。工会提供对熟练的工人在就业方面的保护和公司特定的奖励安排,这将维护信任和组织合作过程的顺畅(Aoki, 2010)。Burows(2005, p.2)指出:"在日本,*chishikikeiei* 描述创造、传递和利用基于背景下的知识如何作为更广泛的社会化过程的一个组成部分,注重团体互动,并创造系统化知识,支持持续改进。在几乎每一个日本公司,员工以及管理者都积极参与知识创造。中层管理者将被期望可以有效地链接高管的理想和工人面临的现实。"

3. Aumann and Brandenburger(1995)提到,如果每一个人都是理性的,那么每个人都是完全肯定自己以及别人的选择的,并共同构成纳什均衡。因此,平衡的信息被称为"理论知识",这不同于普通的知识定义(高阶知识)。然而,本书认为这种平衡的起源和演变源于常识而不是相互间认可的知识。

4. 在中国,这样的常识常常被视为关系网络、政府意愿等。它不能系统地改变人的行为(在中国企业隐性知识管理,由关系网络和政府意愿共同塑造)。

第6章 结　　论

在2013年中国香港中文大学举办的题为"寻找经济发展规律的正确平衡：中国和西方的管理模式"会议期间，许多学者认为，金融危机提供了一个对20世纪的最后阶段流行的监管模式的思考。这一模式包括对市场力量的信念、绝对的自由化，创新和私人的力量已经被先进的发达国家和发展中国家的经济学者们所质疑。监管者和银行家们往往不再是公共利益的可靠保护者，个体不可能独自参与到监管法案的改进中。它始终是小利益集团内部的博弈。

会议还试图聚焦到一个更独特的地区——中国，一个正在寻找适合自身发展的法律、法规的国家。会议讨论了当前的世界经济和制度的发展思路，以及思考如何可以在中国的经济发展中得以应用。关于中国的发展，会议讨论了中国是否要在对20世纪的制度与监管的思考下实施不同的策略，实现监管与市场力量之间的新平衡的理想方式的问题。

在国家的背景下，政府必然会对法律制度的规则负责，但同时需要保留公民社会的模式。市场分工意味着公民的权利需要被相互认可。因此，所有的管理方法都基于从理性选择出发的机会主义的假设是误导，因为他们没有认识并激活这一伦理方面的维度（Herrmann Pillath,2013）。规章制度必须植根于相关的社会领域的自治手段，但这也需要政府的支持。

企业是社会的一个重要组成部分。对我国企业礼制的研究将关注点从理性选择理论转移到行为经济学的认知科学。人们工作的场所可以被视为惯例、礼制和符号等被意识化的中心，战略和目标通过此衔接得以实现。Jacobs(2007)认为，礼制是文化构建的系统传播符号，并通过述行得以支撑；礼制属于社会组织形式的背景。在这个意义上，政府应加强公共交流领域并开放协商过程的渠道和公众支持的法律建设。

运用Searle(2007)的理论工具来分析语言述行理论，本书发现行为的两个新的研究方面：一方面，行为拥有认知根源的礼制元素，另一方面，符号表达个体之间意识的传递。本书也注意到，通过认知/文化/制度分析框架启动礼制（例如，在中国的情况：个人－社会，秩序－混乱，维护－转化），经过礼制实践的文化元素与政府政策的联系，从企业到个人共同的信仰是确定的，企业的知识将被解释、学习和存储，同时社会结构也被企业维护和增强。

6.1　老问题的老答案

企业做什么，制度如何形成？让我们回到本书的第一个有关制度的岌岌可危的那些确定在政治和文化背景下中国企业行为的描述。以下哪种情况最好体现了中国企业真正的品质？这是对节俭、勤奋、投资、教育、组织纪律的遵从？或者是，削弱了企业的信任，违背了企业家精神，阻碍了法律在中国的文化和政治环境下的发展？

两者的描述都是准确的，并都涉及制度的变迁。唯一的区别是，前者对经济发展质量有帮助，而后者是有害的。事实上，在过去和未来之间企业/制度以一种复杂的方式进行互动。

没有考虑到这些方面，就会失去从历史出发研究经济学的角度。在资本主义的初期阶段，许多经济发展成功的国家，认为新教有助于企业的发展，并对经济和企业成长的合适制度安排起到重要的作用。而基督教起初在法国、意大利和德国传播时，罗马的天主教会试图将其消灭。在日本经济的成功之初，许多人认为社会中帮助和影响亚洲企业发展的主要成分是儒学。在现实中，企业的发展伴随着制度的发展，是内部认知和外部博弈相互依存的结果。这就是为什么日本和德国公司已经与以前相比有许多差异（Ha-Joon Chang，2008）。

以日本和德国为例，美国政治学家 Johnson（1982）以及日本学术机构认为，现代日本受雇于公司的员工更关心的是个人主义和独立性（Chalmers，1982）。只有当日本员工获得终身就业保障或其他类似的利益时，才会使他们的合作和忠诚得到体现。Faulkner（1833）认为，在德国资本主义发展初期，即使在最琐碎的事情上德国的商人和企业主也想获得更多的利润。他们也"不能有效利用时间工作"和极度"个人主义，不愿意合作"（Faulkner，1833）。但在基于莱茵资本主义和它包含的"人文元素"被得到促进之后，这样的模型才会支持社会和谐与公平，帮助企业发展的延伸。德国企业才能逐渐形成了自己的团队和展现出高水平、特征时间导向的、可靠的、有纪律的企业行为。为了改变企业的行为，政治系统的变化是具有联动性的，因为这些政策和制度可以保持必要的行为模式，直到他们成为一个"文化"的特点；那就是，制度似乎是在企业发展中逐渐形成的。一个好的经济制度和政治制度，将刺激企业的积极面和提供优良的经营环境，这将促进经济发展。另一方面，一个良好的管理系统在企业会影响其成员的认知和信仰的形成，进而改变在互动博弈中其他组织的行为。

这是从制度的角度去看企业行为的各个方面，也是我们用"老"答案的角度观察"好"的制度的起源的方法。如果我们研究一下世界各地的做法，我们也应该探讨这样的问题：是否好的制度也可以导致不同国家的企业的良好行为。如果是这样，我们就可以知道企业在2008年金融危机制度中发生了什么样的错误。

6.2　老问题的新答案:礼制和制度

　　Hansmann and Kraakman (2001)认为,"股东至上"主导的企业思想是公司法历史的终结。从经济理论角度看,公司治理是建立在公司的合同上,并规定其代表股东的契约前提下,追求股东价值最大化。前者是容易理解的:根据他们的贡献,员工个人需要有好的合同来保护他们。在实践中,如果员工表现不符合合同中股东的期望,股东可能受到利益的伤害。因此,股东价值也应受到法律的保护。后者是指从股东的视角观察公司在社会博弈中的价值。如果我们在经济学的基本方法论立场上不对这种有害的看似不可抗拒的事情加以质疑,它就会反复出现。一些企业的管理实践和短期经济利益挂钩,忽视培养企业的长期竞争力和所依赖的认知资产基层的能力。事实上,个人的态度、意愿、努力、期望、知识、认知取向和能力源于所在的企业(第2章)。这样的群体认知水平和制度演化共同发展并在文化背景下在和政治博弈中相互配合促进(第3,4章)。在这方面,法律可以在过程中介入,但法律不能作为单独设计和实施这一过程的社会规则。因此,由于在制度发展的过程中,经济、社会、政治、文化制度的互补关系的演化性质,基于任何模型的企业结构和治理结构,包括股东价值(短期利润最大化)理念,都不能独立于社会、政治环境、历史、技术和现有的个体认知的资产。2008年的金融危机表明,金融监管的现状和企业结构的不断变化的多样性并不匹配。

　　在这一点上,实践难以得到新古典经济学中理性选择理论的支持,这导致经济误入歧途。这些经济理论强调完善的理性,正确的概率估计和财富最大化,并有助于对未来市场的预测。甚至到今天,我们意识到这只是一个结合人类选择,偏好和行为与数学形式主义的简单组合模型,缺乏心理学现实主义的支撑(Little, 1992)。

　　随着对2008年金融危机了解的加深,我们知道金融市场存在的诸多问题,更多的人注意到股东短期利润原则扭曲了金融家的激励。更重要的是,这迫使企业一直无法培育认知资产并更好地在企业中进行利用。

　　本书的一个主要目标在于提出了一个统一的,了解在文化和政治背景下企业行为的分析和理解框架,并在制度变迁的过程中了解企业经济和组织理论相互依存关系的性质。在前几章的研究文献中,我们已经看到,不同的社会科学学科往往集中在只有一个或几个因素上,这些内源性因素在制度变迁过程中同时会与其他外源性因素相结合。为了建立一个更加综合的方法,本书借用礼制探讨述行的本质。

　　为了回答有关企业行为和制度起源的那些老问题,本书已经超出了实际的商业/政策的角度,通过努力开发一个系统的框架,了解企业的性质、行为和制度发展。通过对组织架构、认知层面和公司治理的互动分析,本书的观点有时可能会与公司治理、公司的新古典理论等的这些主流理论相左。然而,它可以更广泛地为述行理论提供新的贡献、新的知识,并通过礼制概念和认知科学达成一致。本书提出企业不只和代理人在经济领域中进行置换,而且也存在于社会政治和文化背景之中(Herrmann Pillath, 2012)。

　　利用述行理论,本书建议制度是在一个时间过程中通过内源性产生的,并成为外源性的约束;同时制度的动力使企业进一步在他们自己的领域发展以及完成超越。然后,同样在企业内部,它有助于我们了解企业家的角色,管理过程中的领导魅力。在这个过程中,员工和管理人员不只是在公司股东的代理人,也是最为坚定地共享价值、信仰和知识,从而创造礼制的组成部分。这种相互的知识分布在员工的集体意向性中,决定企业行为。本书试图将企业的行为理解为从一个制度的概念出发,作为一个平衡的公众表述(礼制)的总结,并基于由它(礼制)引起的在政治背景下的博弈。本研究有助于理解在制度变迁过程中的政治现象和文化规范对企业行为的作用。在这个意义上,企业对社会活动的结果通过其成员之间、企业自身和与其他企业之间共享的共同知识的相互作用,将反馈到企业成员的新认知中。在讨论和争论中在各种认知资产被部署、结合、激励和支配,这也包括在董事会、工会、主导股东、顾问、分析师中展开的知识管理。拥有新的认知和知识的企业成员,混合着自身过去的价值观、信念和常识,确定企业在社会博弈中新的行为(礼制)。因此该企业的行为是基于相互加强的行为均衡思想上(礼制)并导致内部和外部的战略博弈。

6.3 前 瞻

本书给出了一个广泛的从理论和实践的角度探讨礼制嵌入的中国企业行为的研究。礼制的结构允许代理人、企业和企业群体通过不同的背景变换,制定不同的角色,维持相同的身份,保持等级层次,加强政府关系,编织关系网结构,结合具体的文化元素,而且,更重要的是,允许企业和政府促进和稳定社会的发展和变化。这是通过不同程度的政治和社会互动实现的。同时博弈的结果从内部和外部构建的礼制经验中产生,同时构建制度、价值观和信仰。

本书已经建立了一个理论和实践的分析框架去理解礼制嵌入的企业行为在经济发展中的角色和在一个统一的历史和当代制度背景下的作用。本书定义了企业自我维持系统的礼制,并检查在此基础上企业管理制度如何形成一个自我连贯的整体安排。这取决于企业成员的认知根源和理性选择。本书的重点在于研究企业内部制度安排的多样性,以及如何由在企业外部战略互补下完成平衡的过程。在第 2 章,本书提出分析述行理论的观点,用它作为一个说明性的框架,在整个研究过程中,寻找文化和政治的整体性制度安排背景下一些重要理论和当代的实践模型(第 3 章,第 4 章)。最后,本书认为,中国企业应积极实施知识管理在礼制方面的补充。运用知识管理理论,本书探讨这些制度的起源和演变:认知和知识系统地改变代理人的行为方式,逐渐演变为行为的收敛和制度。这个常识植根于企业的显性和隐性知识中。

以中国为例,个人以及企业的收入、财富和机会的差距在中国不同的地区逐渐加大。从企业结构来看,这个问题来源于新的工人和那些熟练的技工的认知能力被排除在精英企业的核心员工之外的现状。它违反了在同样的工作中对信息、知识的平等获取以及平等参与、平等待遇等的原则。另一方面,制度、政策、法规的设计在一个小的利益集团之间进行协商,监管官员和管理者之间的特殊联系等都缺乏基本的社会和员工的支持。正如我们在德国和日本看到的,政府如何对相同的问题以不同的方式进行回应。这些过程无疑对国家竞争力产生深远影响,并为国际分工等工作进行铺垫。虽然任何经济上的绝对平等是不可能的,它仍然需要对个体提供机会让他们尽可能多地向上流动。这将跨越不同类别的认知资产,包括对社会稳定的、技术与组织体系的升级,并对个人的发展等起到积极的作用。为此,企业和政府之间的交流和互动似乎有着一个更明显、更重大的意义。

关于中国企业行为的一个积极的方面是,全球化将使技术在市场上任由企业选择。鉴于企业和制度性的基本原则,在中国的情况下,管理者、股东和员工将监控认知资产的内部链接,并有效地分享他们的意见、观点和知识。市场因此可以保持关键的认知基础设施在企业结构中的出现。例如业内人士可以通过股票价格的运作并根据他们的活动评价经济和社会中企业的行为,并诱导性地回应他们(Aoki,2010)。这提供了所有业内人士对企业的终极激励。如果上市企业失去了员工与管理者之间的内部联系,失败的管理应该被果断地赶出这个循环。这个循环包括最大化短期股票价值和对潜在的基本认知资产的激励。这并不是一个企业的长期价值最大化的策略,但这种灵活性也会使经济系统在不同的地区和国家适应政治和文化环境的差异。

企业行为往往反映了特定的国家性,反映了全球化进程中各民族的发展和历史的遗留。也许,商业银行、投资机构、私募基金、保险公司都应该起到对社会有益的作用,防止短期投机活动如卖空股票、信用违约等的行为。企业应该利用不仅包括财务估值的信息,更应该提供广泛的信息披露。公司报告、业务回顾、信任的雇佣关系、企业的社会责任、创新等使企业更负责任,并更能获得同行的信赖。此外,金融市场在全球范围内与企业密切相关,信息和资产几乎是瞬间通过金融家们的选择移动到他们面前,而正式的法规的设计和执行首先需要在民族国家的框架内进行。此外,非政府组织的发展也在努力帮助个体企业的进步。在这个意义上,政府应该同意适当的模仿,并在后续的立法监督下进行单独的评判和交流。在进化过程中,企业无疑扮演着重要的角色。因为我们不知道一个先验的理想的企业架构和制度安排模式,将使我们只能在现有的情况下通过相互学习、实验和对知识管理进行创新。如何了解这样的研究工具将取决于我们在社会进程中对企业的自然性的认识。

大量有趣的想法已经在过去几十年中的中国企业行为的研究中产生。礼制的研究深深植根于社会科学的历史文化方面,对人类学的发展提供了很强的理论和研究的基础。对于管理科学的发展,知识管理将理论与中国企业实践进行最有用的链接:本书用一个通用的框架,重点研究企业礼制如何植根于现有的文化和政治背景的方方面面,并希望为研究者们提供一个了解中国企业自然性的大致谦卑的视角。

参考文献

[1] ADAMS C A, HILL W Y, ROBETS C B, 1998. Corporate social reporting practices in Western Europe: legitimating corporate behavior[J]. British Accounting Review, 30 (1):1-21.

[2] AGRAWAL A, KNOEBER C R, 2001. Do some outside directors play a political role? [J]. Journal of Law & Economics, 44 (1): 98-179.

[3] AHLERING B, DEAKIN S, 2007. Labor regulation, corporate governance, and legal origin: A case of institutional complementarity[J]. Law & Society Review, 41(4): 865-908.

[4] ALBERT M, 1993. Capitalism against capitalism[M]. London: Whurr.

[5] ALSAEED K, 2006. The association between firm-specific characteristics and disclosure: The case of Saudi Arabia[J]. Managerial Auditing Journal, 21(5), 476-496.

[6] AOKI M, 2010. Corporations in evolving diversity[M]. New York: Oxford University Press.

[7] AOKI M, 2001. Toward a comparative institutional analysis[M]. Stanford: Stanford University Press.

[8] AOKI M, 2007. Endogenizing Institutions and Institutional Change[J]. Journal of Institutional Economics, 3(1): 1-31.

[9] AOKI M, 2010. Between game theory and institutional studies: The dual-dualities of the institutional process[J]. Journal of Economic Behavior and Organization, 1:33-44.

[10] AOKI, M, 2011. Institutions as cognitive media between strategic interactions and individual beliefs [J]. Journal of Economic Behavior and Organization, 79:18-36.

[11] AUMANN R, ADAM B, 1995. Epistemic conditions for nash equilibrium[J]. Econometrica, 63:116.

[12] AUSTIN J L, 1962. How to do things with words[M]. Cambridge, MA: Harvard University Press.

[13] BAUM H S, 1990. Organizational membership: personal development in the workplace [M]. Albany: State University of New York Press.

[14] BAUM R, SHEVCHENKO A, 1999. The state of the state[M]//GOLDMAN M, MFARQUAR R, et al. The paradox of China's Post-Mao reforms. Cambridge, MA:

Harvard University Press.

[15] BARNES B, 1983. Social life as bootstrapped induction[J]. Sociology, 17:524-545.

[16] BARRO R J, 2000. Inequality and growth in a panel of countries[J]. Journal of Economic Growth, 5(1): 5-32.

[17] BECKER M, 2007. Handbook of organizational routines[M]. London: Edward Elgar, Cheltenham.

[18] BECKER M, KNUDSEN T, MARCH J G, 2006. Schumpeter, Winter, and the sources of novelty[J]. Industrial and Corporate Change, 15(2): 353-371.

[19] BECKER M, LAZARIC N (eds.), 2009. Organizational routines: advancing empirical research[M]. Cheltenham, UK: Edward Elgar.

[20] BELL C, 1987. Discourse and dichotomies: the structure of ritual theory[J]. Religion, 17: 95-118.

[21] BELL C, 1997. Ritual: perspectives and dimensions[M]. New York: Oxford University Press.

[22] BELKAOUI A, KARPIK P, 1989. Determinants of the corporate decision to disclose social information[J]. Account Audit Account, 2(1):36-51.

[23] BERG P O, 1985. Organization change as a symbolic transformation process[J]// FROST P J, MOORE L F, LOUIS M R, et al. Organizational Culture. Sage: Beverly Hills, 281-299.

[24] BETRAND M, KRAMARZ F, THESMAR D, 2006. Politicians, firms and the political business cycle: evidence from France[M]. Chicago: University of Chicago.

[25] BEUGELSDIJK M, 2011. Culture in economics: history, methodological reflections and contemporary applications[M]. Cambridge, UK: Cambridge University Press.

[26] BLACKSTONE W, 1765. Commentaries on the Laws of England (1765 – 1769). [EB/OL] [2011 – 12 – 18] http://www.lonang.com/exlibris/blackstone/. Accessed.

[27] BOND M H, 1991. Beyond the Chinese face. insights from psychology[M]. Hong Kong: Oxford University Press.

[28] BOWLES S, 1998. Endogenous preferences: the cultural consequences of markets and other economic institutions[J]. Journal of Economic Literature, 36(1): 75-111.

[29] BRANDT L, LI H, ROBER J, 2005. Banks and enterprise privatization in China[J]. Journal of Law, Economics, and Organization, 21(2): 524-546.

[30] BROOK F, 1833. Visit to Germany and the low countries[M]. London: Adegi Graphics LLC.

[31] BROWN N, DEEGAN C, 1998. The public disclosure of environmental performance information: a dual test of media agenda setting theory and legitimacy theory[J]. Ac-

counting and Business Research, 29 (1):21:41.

[32] BRAMMER S, PAVELIN S, 2006. Voluntary environmental disclosures by large UK companies[J]. Business Financial Account, 33(7-8):1168-1188.

[33] BOURDIEU P,1977. Outline of a theory of practice[M]. Cambridge: Cambridge University Press.

[34] BOURDIEU P, 1986. The forms of capital[M]//JOHN G, RICHARDSON, et al. Handbook of theory and research for the sociology of education[M]. New York: Greenwood Press.

[35] BUCKMAN R, MEEK T, 2005. Re-investing in culture at Buckman: analyzing the culture/technological paradigm at Buckman[J]. Knowledge Management Review, 7 (6):24-27.

[36] BURROWS G, DRUMMOND D, MARTINSONS M, 2005. Knowledge management in China[J]. Communications of the ACM, 48 (4):69-87.

[37] BURT R S, 2000. The network structure of social capital[J]//SUTTON R, STAW B M, et al. Research in Organizational Behavior, 22:345-423.

[38] CABANTOUS L, JEAN P, JOHSON M, 2011. Decision theory as practice: Crafting rationality in organizations[J]. Organization Studies ,31(11): 1531-1566.

[39] CALLON M, 1998. The laws of the markets[M]. Oxford: Blackwell.

[40] CALLON M, 2002. Technology, politics and the market: an interview with Michel Callon[J]. Economy and Society, 31:285-306.

[41] CALLO M, 2005. Why virtualism paves the way to political impotence: A Reply to Daniel Miller's Critique of "The Laws of the Markets"[J]. Economic Sociology: European Electronic Newsletter, 6: 3-20.

[42] CALLON M, MUNIESA F, 2005. Economic markets as calculative collective devices [J]. Organization Studies, 26(8): 1229-1250.

[43] CALLON M, 2007. What does it mean to say that economics is performative?[M]. // MACKENZIE D. Do Economists Make Markets? Princeton: Princeton University Press.

[44] CSMBRLL D, 2000. Legitimacy theory or managerial reality construction? Corporate social disclosure in Marks and Spencer Pic corporate reports [J]. Accounting Forum, 24(1):80-100.

[45] CHAN A, UNGER J, 1993. Revolution or corporation? Workers and trade unions in Post – Mao China[J]. Australian Journal of Chinese Affairs, 29:33-49.

[46] CHAN A, 1996. Chinese Enterprise Reform: Convergence with the Japanese Model? [M]. New York: M. E. Sharpe.

[47] CHANDLER J,1977. The visible Hand: The managerial revolution in American busi-

ness[M]. Cambridge, MA: Harvard University Press.

[48] CHANG H J,2007. Bad Samaritans: The guilty secrets of rich nations and the threat to global prosperity[M]. London: Random House Books.

[49] CHANG Z T, 2002. Research on the construction of knowledge management model based on the viewpoint of business competitive advantages [EB/OL]. [2012 - 09 - 18]www. kuo. bm. nsysu. edu. tw.

[50] CHATMAN J A, JHEN K A, 1994. Assessing the relationship between industry characteristics and organizational culture: How different can you be? [J]. Academy of Management Journal, 37(3): 522-553.

[51] CHE J, 2002. Rent seeking and government ownership of firms: an application to China's township-village enterprises[J]. Journal of Comparative Economics, 30: 781-811.

[52] CHE J, QIAN Y, 1998. Insecure property rights and government ownership of firms [J]. Quarterly Journal of Economics, 113(2): 467-496.

[53] CHENG B S, LIN Y C, CHOU L F, 2009. Chinese organizational behavior studies in the age of globalization[J]. Taiwan Journal of East Asian Studies, 6(2): 131-161.

[54] CHIAO J Y, HARADA T, KOMEDA H, et al, 2009. Dynamic cultural influences on neural representations of the self[J]. Journal of Cognitive Neuroscience, 22:1-11.

[55] CHILD J, RODRIGUES S, 2005. The internationalization of Chinese firms: A case for theoretical extension? [J]. Management and Organization Review, 1(3): 381-410.

[56] CHOW I, DANNY Z Q, 2002. Moral judgment and conflict handling styles and among Chinese in Hong Kong and PRC[J]. Journal of Management Development, 21(9): 666-679.

[57] CLARK A, 2011. Supersizing the mind embodiment, action and cognitive Extension [M]. Oxford: Oxford University Press.

[58] CLUNA C, 2004. Elegant Debts. The Social Art of Wen Zhengming[M]. Honululu: The University of Hawaii Press.

[59] COAKES E, CLARKE S, 2005. The concept of communities of practice[M]. London: Idea Groupe.

[60] COASE R, 1937. The nature of the firm[J]. Economica, New Series, 4(16): 386-405.

[61] COHEN D, 1998. Towards a knowledge context: Report on the first annual U. C. Berkeley forum on knowledge and the firm[J]. California Management Review, 40(3): 22.

[62] COHEN M D, BACDAYAB P, 1994. Organizational routines are stored as procedural memory: Evidence from a laboratory study[J]. Organization Science, 5(4): 554-68.

[63] COHEN M D, 2007. Reading Dewey: Reflections on the study of routine[J]. Organization Studies, 28(5):773-4786.

[64] COHEN M D, BURKHART R, DOSI G, 1995. Routines and other recurring action patterns of organizations: Contemporary research issues[J]. Industrial and Corporate Change, 5(3): 653-698.

[65] COLANDER D, 2009. Incentives, judgment, and the European CVAR approach to Macroeconometrics[J]. Economics, 3:1-12.

[66] COMMONS J R, 1934. Institutional economics—Its place in political economy[M]. New York: Macmillan.

[67] CONARD C, 1983. Organizational power: faces and symbolic forms[J]. In: PUTMAM L, PANANOWSKY M, et al, Communications and Organizations: An Interpretive Approach, 1:173-195.

[68] CORMIER D, GORDON I, 2001. An examination of social and environmental reporting strategies: determinants, costs and benefits[J]. Accounting, Auditing and Accountability, 2(1):36-51.

[69] D'ADDERIO L, 2011. Artifacts at the centre of routines: Performing the material turn in routines theory[J]. Journal of Institutional Economics, 7(2): 197-230.

[70] D'ADDERIO L, 2003. Configuring software, reconfiguring memories: the influence of integrated systems on the reproduction of knowledge and routines[J]. Industrial and Corporate Change, 12(2): 321-350.

[71] D'ADDERIO L, 2008. The Performativity of routines: Theorising the influence of artefacts and distributed agencies on routines dynamics[J]. Research Policy, 37(5): 769-789.

[72] DAVID P, 2005. Evolution and path dependence in economic ideas: past and present [M]. Cheltenham: Edward Elgar.

[73] DAVIES H, LEUNG S T K, WONG Y H, 1995. The benefits of "guanxi"[J]. Industrial Marketing Management, 24:207-214.

[74] DAVIS J P, 1905. Corporations: a study of the origin and development of great business combinations and of their relation to the authority of the state[M]. New York, London: G. P. Putnam's sons.

[75] DEAKIN S, REBERIOUX A, 2009. Corporate governance, labour relations and human resource management in Britain and France: convergence or divergence? [M]// TOUFFUT J P, et al. Does Corporate Ownership Matter? Cheltenham: Edward Elgar.

[76] DEBOWSKI S, 2006. Knowledge management: A strategic management perspective [M]. Australia: John Wiley &Sons.

[77] DENISON D, 2004. Corporate culture and organizational effectiveness: Is Asia differ-

ent from the rest of the world? [J]. Organizational Dynamics, 33(1): 98-109.

[78] DENISON D R, MISHRA A K, 1995. Toward a theory of organizational culture and effectiveness[J]. Organization Science, 6(2): 204-223.

[79] DENZAU A T, NORTH D C, 1994. Shared mental models: Ideologies and institutions [J]. Kyklos, 47 (1): 3-32.

[80] DIMAGGIO P, POWELL W, 1983. The iron cage revisited: institutional isomorphism and collective rationality in organizational fields[J]. American Sociological Review, 48 (2): 147-60.

[81] DIMAGGIO P, POWELL W, 1991. The new institutionalism in organizational analysis [M]. Chicago: University of Chicago Press.

[82] DIMAGGIO P, 1997. Culture and cognition[J]. Annual Review of Sociology, 23 (1): 263-4287.

[83] DOERINGER P, PIORE M J, 1971. Internal labor markets and manpower analysis [M]. Lexington, MA: D. C. Heath and Company.

[84] DRUCKER P, 1972 [1946]. Concept of the corporation, rev. ed[M]. New York: Mentor Books.

[85] DUARA P, 1988. Culture, power, and the state: Rural North China, 1900 – 1942 [M]. Stanford: Stanford University Press.

[86] DUNNING J H, KIM C, 2007. The culture roots of Guanxi: An exploratory study[J]. The World Economy, 30(2): 329-341.

[87] DURKHEIM E, 1961 [1915]. The elementary forms of religious life[M]. Translated from French by SWAIN J W. New York: Collier.

[88] DURKHEIM E, 1964. The division of labor in society[M]. Translated from French by G. Simpson. London: Collier-Macmillan.

[89] EASTMAN L E, 1988. Family, fields, and ancestors: Constancy and change in China's social and economic history, 1550 – 1949[M]. Oxford: Oxford University Press.

[90] FACCIO M, 2006. Politically connected firms[J]. American Economic Review, 96 (1): 369-386.

[91] FACCIO M, MASULIS R W, MCCONNELL J J, 2006. Political connections and corporate bailouts[J]. The Journal of Finance, 61 (6): 2597-2635.

[92] FAIRBANK J K, 1992. China: A new history[M]. Cambridge, MA: Harvard University Press.

[93] FAN J, RUI, M O, ZHAO M, 2006. Rent seeking and corporate finance: Evidence from corruption cases[M]. Hongkong: CUHK press.

[94] FANG T, 2010. Asian management research needs more self-confidence: Reflection on Hofstede and beyond[J]. Asia Pacific Journal of Management, 27(1): 155-170.

[95] FANG T, 2012. Yin Yang: A new perspective on culture[J]. Management and Organization Review, 8(1): 25-50.

[96] FAURE D, 2006. China and capitalism: a history of business enterprise in modern China[M]. Hong Kong: Hong Kong University Press.

[97] FAURE D, 2007. Emperor and ancestor: State and lineage in south china[M]. Standford: Standford University Press.

[98] FELIN T, FOSS N J, 2005. Strategic organization: A field in search of micro-foundations[J]. Strategic Organization, 3: 441-455.

[99] FERRARO F, JEFFREY P, ROBERT S, 2005. Economics language and assumptions: how theories can become self-fulfilling[J]. Academy Of Management Review, 30: 8-24.

[100] FIELD T, VINCENT L, 2001. Empirical research on accounting choice[J]. Account Economics, 31: 255-307.

[101] FISMAN R. 2001. Estimating the value of political connections[J]. American Economic Review, 91: 1095-1102.

[102] FREEDMAN M, 1966. Seminal Chinese lineage and society: Fukien and Kwangtung[M]. London: Athlone Press.

[103] GARCIA P, MARIE F, 2007[1986]. The social construction of a perfect market: the strawberry action at Fontaines, en, Sologne. [M]// MACKEMZIE D, MUNIESA F, SIU L, et al. Do Economists Make Markets? Princeton: Princeton University Press.

[104] GHOSHAL S, 2005. Bad Management Theories are destroying good management practices[M]. Academy of Management Learning and Education, 4(1): 75-91.

[105] GLUCKMAN M, 1962. Les rites de passage [Rites of Passage][M]// GLICKMAN M (ed.), Essays on the ritual of social relations. Manchester, UK: Manchester University Press.

[106] REDDING G, WONG G Y Y, 1986. The psychology of Chinese organizational behavior[M]//BOND M H, et al. The Psychology of the Chinese People[M]. New York: Oxford University Press.

[107] REDDING G, WITT M A, 2007. The future of Chinese capitalism: choices and chances[M]. Oxford: Oxford University Press.

[108] GREIG A, 2006. Institutions and the path to the modern economy: lessons from medieval trade[M]. Cambridge: Cambridge University Press.

[109] GREIF A, 1994. Cultural beliefs and the organization of society: A historical and theoretical reflection on collectivist and individualist societies[J]. Journal of Political Economy, 102(5): 912-950.

[110] GREIF A, TABELLINI G, 2010. Cultural and institutional bifurcation: China and Europe compared[J]. American Economic Review: Papers and Proceedings, 100: 135-140.

[111] GREVE H, 2008. Organizational routines and performance feedback[M]// BECKER M, et al, Handbook of Organizational Routines. Cheltenham and London: Edward Elgar.

[112] GRI, 2009. Website of global reporting initiative. [EB/OL] [2009 - 12 - 20]. http://www.globalreporting.org.

[113] GEERTZ C, 1993. The interpretation of culture[M]. London: Basic Books.

[114] GUO K, 2005. Causes of privatization in China: testing several hypotheses[J]. Economics of Transition, 13(2): 211-238.

[115] GUO M (2014). Performativity, corporate behavior, institutional change and rituals in China[J]. Koeln: Shakev verlag.

[116] GURIEV S, 2004. Red tape and corruption[J]. Journal of Development Eonomics, 73: 489-504.

[117] HALL P, SOSKICE D, 2001. Varieties of capitalism: The institutional foundations of comparative advantage[M]. Oxford: Oxford University Press.

[118] HANIFF A R M, COOKE T E, 2005. The impact of culture and governance on corporate social reporting[J]. Journal of accounting and public policy, 24: 391-430.

[119] HAUSMAN D M, 1992. The philosophy of economics: methodology[M]. Cambridge: Cambridge univesity press.

[120] HAYEK F A, 1973. Law, legislation, and liberty, Vol. 1, rules and order[M]. London: Routledge and Kegan Paul.

[121] HAYEK F A, 1979. Law, legislation, and liberty, Vol. 3, The political order of a free people[M]. London: Routledge and Kegan Paul.

[122] HAYEK F A, 1982. The sensory order after 25 years[M]//WEIMER W B, PALERMO D S, et al. Cognition and the Symbolic Processes, Vol. 2. Hillsdale, New Jersey: Lawrence Erlbaum Associates.

[123] HAYEK F A, 1996 [1982]. Die überschützte Vernunft[M]. Tübingen: Mohr Siebeck.

[124] HAYEK F A, 1988. The fatal conceit, the error of socialism[M]. Chicago: University of Chicago Press.

[125] HEGEL G W F, 1978. Philosophy of subjective spirit[M]. Dordrecht: Reidel.

[126] HEILMANN S, 2008. From local experiments to national policy: The origins of China's distinctive policy process[J]. The China Journal, 59: 1-30.

[127] HEILMANN S, 2008. Policy experimentation in China's economic rise[J]. Studies

in Comparative International Development, 43 (1): 1-26.

[128] HENISZ W, ZELNER B, 2004. Explicating political hazards and safeguards: a transaction cost politics approach[J]. Industrial and Corporate Change, 13 (6): 901-915.

[129] HERRMANN P C, 2010. A neurolinguistic approach to performativity in economics [J]. Journal of Economic Methodology, 17(3): 241-260.

[130] HERRMANN P C, 2012. Institutions, distributed cognition and agency: rule-following as performative action[J]. Journal of Economic Methodology, 19(1): 21-42

[131] HERRMANN P C,2009. Social capital, Chinese style: Individualism, relational collectivism and the cultural embeddedness of the Institutions-Performance Link[J]. China Economic Journa, 12(3): 325-350.

[132] HERRMANN P C, 2010. A neurolinguistic approach to performativity in Economics [J]. Journal of Economic Methodology, 17 (3): 241-260.

[133] HERRMANN P C, 2010. What have we learnt from twenty years of economic research into culture[J]. International Journal of Cultural Studies, 13(4): 317-335.

[134] HERRMANN P C (2006). Cultural species and institutional change in China[J]. Journal of Economic Issues, 40(3): 539-574.

[135] HODSON G, 2011. Poverty of stimulus and absence of cause: Some questions for Felin and Foss[J]. Journal of Institutional Economics, 7(2): 295-298.

[136] HODGSON G, 2004. The evolution of institutional economics: agency, structure, and Darwinism in American institutionalism[M]. London and New York: Routledge.

[137] HOFSTEDE G, 1980. Culture's consequences[M]. California:Beverly Hills Sage.

[138] HOFSTEDE G, 1991. Cultures and organizations. software of the mind[M]. London et al. : McGraw-Hill.

[139] HOFSTEDE G, 2001. Culture's consequences: comparing values, behaviors, institutions and organizations across nations ed[M]. 2nd ed. Beverly Hills, CA: Sage Publications.

[140] HOLM P, NIELSEN K, 2007. Framing fish, making markets: the construction of individual transferable quotas [J]. ITQs, 55(2): 173-195.

[141] HOSKISSON R E, WRIGHT M, 2000. Strategy in emerging economies[J]. Academy of Management Journal, 43 (3), 249-267.

[142] HOELMSTROM B,1979. Moral hazard and observability[J]. Bell Journal of Economics, 10(1):74-91.

[143] HOELMSTROM B,1982. Moral hazard in teams[J]. Bell Journal of Economics,13 (2):324-340.

[144] HURWICZ L,1994. Economic design, adjustment processes, mechanisms, and insti-

tutions[J]. Review of Economic Design, 1:1-14.

[145] HUTCHINS E,2005. Material anchors for conceptual blends[J]. Journal of Pragmatics, 37: 1555-1577.

[146] HWANG K K,2006. Constructive realism and confucian relationalism: An epistemological strategy for the development of indigenous psychology[M]// KIM U, YANG G S, HWANG, et al. International and Cultural Psychology: Understanding People in Context. New York: Springer.

[147] JACOBS S,2007. Virtually Sacred: The performance of asynchronous cyber-rituals in online spaces[J]. Journal of Computer Mediated Communication, 12(3):33-59.

[148] JACOBS J B, 1982. The concept of guanxi and local politics in a rural Chinese cultural setting[M]. Prague:Praeger Publisher.

[149] JARNAGIN C, SLOCUM J W,2007. Creating corporate cultures through mythopoetic leadership[J]. Organizational Dynamics, 36:288-302.

[150] JI L J, PENG K, NISBETT R E,2000. Culture, control, and perception of relationships in the environment[J]. Journal of Personality and Social Psychology, 78(5): 943-955.

[151] JOHNSON C,1982. MITI and the Japanese miracle[M]. Stanford: Stanford University Press.

[152] JOYCE S,2005. Exploring differences in social disclosures internationally: A stakeholder perspective[J]. Journal of Accounting and public policy, 24(2):123-151.

[153] KARAMANOU I, VAFES N,2005. The association between corporate boards, audit committees, and management earnings forecasts: An empirical analysis[J]. Journal of Accounting Research, 43: 453-486.

[154] KAO C S,1982. Personal trust in large business in Taiwan[M]// HAMILTON, GARY G, et al. Business networks and economic development in East and Southeast Asia. Hong Kong: cuhk press.

[155] KAWAGOE T,1985. The intercountry agricultural production function and productivity differences among countries[J]. Journal of Development Economics, 19(1-2): 113-132.

[156] KERR C,1983. The future of industrial societies: convergence of continuing diversity [M]. Cambridge, MA: Harvard University Press.

[157] KHWAJA A, MILAN A, 2005. Do lenders favor politically connected firms? Rent provision in an emerging financial market[J]. Quarterly Journal of Economics, 120 (4): 1371-1411.

[158] KIRBY W C, 1995. China, unincorporated: Company law and business Enterprise in Twentieth Century China[J]. Journal of Asian Studies, 54(1): 43-63.

[159] KING A Y (1991). Kuan—his and network building: A sociological interpretation [J]. Daedalus, 120: 63-84.

[160] KIPNIS A, 2002. Practices of guanxi production and ganqing avoidance [M]. New York: Cambridge University press.

[161] HWANG KK, 1987. Face and favor: The Chinese power game [J]. American Journal of Sociology, 92:944-974.

[162] KIM U, BERRY J W, 1993. Indigenous psychologies: Research and experience in cultural context [J]. Thousand Oaks, CA: SAGE.

[163] KPMG, 1999. The knowledge journey, white paper [EB/OL]. [2013 – 01 – 13]. www.kpmg.com.

[164] KPMG, 2000. Chinese management model. Knowledge management research report [EB/OL]. [2012 – 09 – 12]. www.kpmg.com.

[165] KRUG B, 2002. Kultur und wirtschaftliche entwicklung in China [M]. Marburg: Metropolis.

[166] KURAN T, 2009. Explaining the economic trajectories of civilizations: the systemic approach [J]. Journal of Economic Behavior & Organization, 71 (3): 593-605.

[167] KURATKO D F, WELSCH H P, 2004. Strategic entrepreneurial growth [M]. 2nd ed. Ohio: Thomson, South-Western.

[168] KUWABARA K, WILLER R, MACY M, et al, 2007. Culture, identity, and structure in social exchange: A web-based trust experiment in the U.S. and Japan [J]. Social Psychology Quarterly, 70(4): 461-479.

[169] LANDERS D, 1998. The wealth and poverty of nations [M]. London: Abacus.

[170] LAWSON C, 1997. Holism and collectivism in the work of J. R. Commons [J]. Journal of Economic Issues, 30(4): 967-984.

[171] LAWSON T, 1997. Economics and reality [M]. London and New York: Routledge.

[172] LEUNG K, BREW F, 2011. Harmony and conflict: A cross-cultural investigation in China and Australia [J]. Journal of Cross-Cultural Psychology, 42(5): 795-816.

[173] LIEBERTAL K, GEOFFREY L, 2003. The great transition [J]. Harvard Business Review, 2003(10):3-14.

[174] LI P P, 2008. Toward a geocentric framework of trust: An application to organizational trust [J]. Management and Organization Review, 4(3): 413-439.

[175] LEI L, 1994. Enterprises march towards the Era of C. I [M]. Chengdu: Chengdu Science and Technology University Press.

[176] LEUZ C, VERRECCHIA R, 2000. The economic consequences of increased disclosure [J]. Journal of Accounting Research, 38:91-124.

[177] LI Z, 2007. Research methodology of CSR disclosure in China [J]. Accounting re-

search, 7:3-11.

[178] LI Y P, FENG X F, 2009. CSR disclosure research—under the networks background of corporation[J]. Soft Science, 6: 102-105.

[179] LI H, ZHANG Y, 2007. The role of managers' political networking and functional experience in new venture performance: evidence from China's transition economic [J]. Strategic Management Journal, 28(8):791-804.

[180] LI H B, 2008. Political connections, financing and firm performance: evidence from Chinese private firms[J]. Journal of Development Economics, 87(2): 283-299.

[181] LIANG S 1997. The cultures and philosophies between the east and the west[M]. Beijing: The Commerce Press.

[182] LIEBL F, 2000. Der schock des neuen. entstehung und management von Issues und trends[M]. München: Gerling Akademie Verlag.

[183] LIN J, 2003. The China miracle: development strategy and economic reform[M]. Hong Kong: Chinese University Press.

[184] LIN J Y, CAI F, LI Z, 2001. State-owned enterprise reform in China[M]. Hong Kong: the Chinese University Press.

[185] LITTLE D, 1992. Understanding peasant China[M]. New Haven: Yale University Press.

[186] LIU Z, 2007. Organizational culture measurement: model construct and an empirical research in Chinese background[J]. Nankai Business Review, 10(2):36-50.

[187] LOCKETT M, 1988. Culture and the problems of Chinese management[J]. Organization Studies, 9 (4): 475-496.

[188] LU D, TANG Z M, 2000. State intervention and business in China: the role of preferential policies[M]. Cheltenham: Edward Elgar.

[189] LU J Y, LIU X H, WANG H L, 2011. Motives for outward FDI of Chinese private firms: Firm resources, industry dynamics, and government policies[J]. Management and Organization Review, 7(2): 223-248.

[190] LUO D L, RAN Q Q, 2009. Political relationship, social capital and policy resource gains[J]. World Economics, 7: 84-96.

[191] LUO J, 2011. Guanxi revisited: An exploratory study of familiar ties in a Chinese workplace[J]. Management and Organizational Review, 7(2): 329-351.

[192] LUO Y D, HUANG Y, WANG S, 2012. Guanxi and organizational performance: A meta-analysis[J]. Management and Organization Review, 8(1): 139-172.

[193] VILANOVA M, 2009. Exploring the nature of the relationship between CSR and competitiveness[M]. Netherlands: Springer Netherlands.

[194] MA D, 2012. A relational view of organizational restructuring: The case of transitional

China[J]. Management and Organization Review, 8(1): 51-75.

[195] MA X Y, 2000. Application of knowledge management practice[M]. Taipei: Huacai Software Press.

[196] MACDONALD P, 2011. Maoism versus confucianism: ideological influences on Chinese business Leaders[J]. Journal of Management Development, 30(7/8): 632-646.

[197] MERTON K, 1968. The Matthew effect in science[J]. Science, 159(3810):56-63.

[198] MCELDERRY A, 1993. Guarantors and guarantees in Qing government—business relations[M]//LEONARD J K, WATT J R, et al. To Achieve Security and Wealth. the Qing Imperial State and the Economy. Ithaca: East Asia Program, Cornell University.

[199] MACKENZIE D, 2006. An engine, not a camera: how financial models shape markets[M]. Cambridge, MA: MIT Press.

[200] MACKENZIE D, 2004. The big, bad wolf and the rational market: portfolio insurance, the 1987 crash and the performativity of economics[J]. Economy and Society, 33(3): 303-334.

[201] MACKENZIE D, MUNIESA F, SIU L,2007. Do economists make markets? On the performativity of economics[M]. Princeton: Princeton University Press.

[202] MACKENZIE D, MILLO Y, 2003. Constructing a market, performing theory: The historical sociology of a financial derivatives exchange[J]. American Journal of Sociology, 109(1):107-145.

[203] MANTZAVINOS C,2001. Individuals, institutions, and markets[M]. Cambridge: Cambridge University Press.

[204] MARTINSONS M G, 2004. ERP in China: One package, two profiles[J]. Communications of the ACM, 47(7): 65-68.

[205] MARTINSONS M G, WESTWOOD R, 1972. Management information systems in the Chinese business culture: An explanatory theory[J]. Information and Management, 32(5): 215-228.

[206] MENTZAS G, YOUNG R, 2003. Knowledge assets management[M]. London: Springer-Verlag London Limited.

[207] MEYER K E, 2006. Asian management research needs more self-confidence[J]. Asia Pacific Journal of Management,23(2): 119-137.

[208] MEEK G K, ROBERTS C B, GRAY A J, 1995. Factors influencing voluntary annual report disclosures by US, UK and continental European multinational corporations[J]. International Business Studies, 26(3):555-572.

[209] ILGROM P, RPBERTS J, 1990. The economics of modern manufacturing: Technology strategy, and organization[J]. American Economic Review, 80(3):511-528.

[210] MILGROM P, ROBERTS J, 1990. Rationalizability, learning, and equilibrium in games with strategic complementarities[J]. Econometrica, 59:1255-1277.

[211] MINTZBERG A, 1998. Strategy safari: A guided tour through the wilds of strategic management[M]. New York: Free Press.

[212] MILLER D, 2002. Turning Callon the right way up[J]. Economy and Society, 31(2): 218-233.

[213] MUKAND S W, RODRIK D, 2005. In Search of the holy grail: Policy convergence, experimentation, and economic performance[J]. American Economic Review, 95(1):374-383.

[214] MUNDLAK Y, 1978. On the pooling of time series and cross section data, econometrica[J]. Econometric Society, 46(1): 69-85.

[215] MYERSON R B, 2009. Fundamental theory of institutions: a lecture in honor of Leo Hurwicz[J]. Review of Economic Design, 13:59-75.

[216] MONEVA J M, ARCHEL P C, 2006. GRI and the camouflaging of corporate unsustainability[J]. Account Forum, 30:121-137.

[217] NAYGHTON B, 2007. The Chinese economy: Transitions and growth[M]. Cambridge, MA: MIT Press.

[218] NWW V, 1992. Organizational dynamics or market transition: Hybrid forms, property rights, and mixed economy in China[J]. Administrative Science, 37: 1-27.

[219] NELSON R, WINTER S, 1982. An evolutionary theory of economic change. Cambridge[M], MA: Harvard University Press.

[220] NEWELL S, ROBERSON M, 2002. Managing knowledge work and innovation[M]. 2nd ed. Basingstoke and Hampshire: Palgrave.

[221] NISBETT R E, 2003. The geography of thought: How Asians and Westerners think differently...and why[M]. New York: Free Press.

[222] NISBETT R E, 2001. Culture and systems of thought: holistic vs. analytic cognition[J]. Psychological Review, 108(2):291-310.

[223] NONAKE I, 1991. Knowledge-creating company[J]. Harvard Business Review, 69: 96-104.

[224] NONAKE I, TAKEUCHI H, 1995. The knowledge-creating company[M]. Oxford: Oxford University Press.

[225] NORTH D, WALLIS J J, WEINGAST B R, 2006. A conceptual framework for interpreting recorded human history [M]. Cambridge, MA: National Bureau of Economic Research.

[226] NORTH D, WALLIS J J, WEINGAST B R, 2009. Violence and social orders[M]. Cambridge: Cambridge University Press.

[227] NNORTH D, 1990. Institutions, institutional change, and economic performance[M]. Cambridge: Cambridge University Press.

[228] NORTH D, 2005. Understanding the process of economic change[M]. Princeton and Oxford: Princeton University Press.

[229] NUGENT P D, ABOLAFIA M Y, 2006. The creation of trust through interaction and exchange: The role of consideration in organizations[J]. Group Organization Management, 31 (6):628-650.

[230] OKSENBERG M, 2002. China's political system: challenges for the twenty-first century[M]// UNGER J, et al. The Nature of Chinese Politics: from Mao to Jiang. New York: M. E. Sharpe.

[231] O'REILLY C, CHATMAN J, CALDWELL D, 1991. People and organizational culture: A Qsort approach to assessing fit[J]. Academy of Management Journal, 34: 1036-1056.

[232] OYSERMAN D, HEATHER M, KEMMELMEIER M, 2002. Rethinking individualism and collectivism: Evaluation of theoretical assumptions and meta-analysis[J]. Psychological Bulletin, 128(1):3-72.

[233] PATTEN DM, 1991. Exposure, legitimacy, and social disclosure[J]. Account Public Policy, 10:297-308.

[234] PATTON M Q, 2002. Qualitative research and evaluation methods[M]. Thousand Oaks, CA: Sage.

[235] PAN Y T, ROWNEY J, PETERSON M, et al, 2012. The structure of Chinese cultural traditions: An empirical study of business employees in China[J]. Management and Organization Review, 8(1): 77-95.

[236] PENG L, MIKE W, LUO Y D, 2000. Managerial ties and firm performance in a transition economy: the nature of a micro-macro link[J]. Academy of Management Journal, 43(3): 486-501.

[237] PENROSE E, 1959. The theory of the growth of the firm[M]. Oxford, UK: Oxford University Press.

[238] PFEFFER J, 1981. Management as symbolic action: The creation and maintenance of organizational paradigms[J]. Research in Organizational Behavior, 31:1-52.

[239] PFEFFER J, 1978. Organizational design[M]. Arlington Heights: AHM Publishing.

[240] PLATO (360 BCE), 2000. Laws[M]. Translated from Greek by JOWETT B. New York: Prometheus Books.

[241] POLANYI K, 1957. The great transformation: the political and economic origins of our time[M]. Boston: Beacon Press.

[242] POON M, 2009. From new deal institutions to capital markets: Commercial consumer

risk scores and the making of subprime mortgage finance[J]. Accounting, Organizations and Society, 34(5): 654-674.

[243] PRATT M G, 2000. The good, the bad, and the ambivalent: Managing identification among Amway distributors[J]. Administrative Science Quarterly, 45(3): 456-493.

[244] PRATT M G, RAGAELI A, 1997. Organizational dress as a symbol of multilayered social identities[J]. Academy of Management Journal, 40(4):862-898.

[245] PYE L W, 1985. Asian power and politics[M]. Cambridge, MA: Harvard University Press.

[246] QIAN Y Y, WEINGAST B R, 1996. China's transition to markets: market preserving federalism, Chinese Style[J]. Policy Reform,1: 149-85.

[247] QIAN Y, WEINGAST B R, 1997. Federalism as a commitment to preserving market incentives[J]. Journal of Economic Perspectives, 11(4): 83-92.

[248] QIU L Y, XU H, 2006. Construction of accounting system in CSR disclosure[J]. Technical Economics, 25(10):118-121.

[249] QUINN R, CAMERON K S, 1983. Organizational life cycles and shifting criteria of effectiveness: Some preliminary evidence[J]. Management Science, 29(1):33-51.

[250] RADCLIFF B, 1952. Structure and function in primitive society: essays and addresses[M]. Glencoe: Free Press.

[251] RAJAN R G, ZINGLES L, 2000. Governance of new enterprises. In: Vives, X. (ed.), Corporate Governance: Theoretical and Empirical Per [252] spectives [M]. Cambridge: Cambridge University Press.

[253] RAO M, 2003. Leading with knowledge: knowledge management practices in global infotech companies[M]. New Delhi: Tata McGraw-Hill Publishing Company Limited.

[254] RAWSKI, 1995. Implications of China's reform experience[J]. The China Quarterly, 144: 1150-1173.

[255] REDDING G, 1990. The spirit of Chinese capitalism[M]. Berlin: De Gruyter.

[256] REDDING G, 2002. The capitalist business system of China and its rationale[J]. Asia Pacific Journal of Management,19 (2/3):221-249.

[257] REDDING G, 1996. The distinct nature of Chinese capitalism[J]. The Pacific, Review, 9(3): 426-440.

[258] RERUP C, FELDMAN M S, 2011. Routines as a source of change in organizational schema: The role of trial-and-error learning[J]. Academy of Management Journal,54 (3): 577-610.

[259] ROBERTS J, 2004. The modern firm: Organizational design for performance and growth[M]. Oxford, UK: Oxford University Press.

[260] RPDRIK D, 2007. One economics, many recipes. globalization, institutions, and economic growth[M]. Princeton and Oxford: Princeton University Press.

[261] ROE M J, 2006. Legal origin and modern stock markets[J]. Harvard Law Review, 120: 460-527.

[262] ROBBINS L, 1935. An essay on the nature and significance of economic science [M]. London: Macmillan.

[263] SAICH T, 2001. Governance and politics of China[M]. New York: Palgrave.

[264] SALVATO C, RERUP C, 2010. Beyond collective entities: Multilevel research on organizational routines and capabilities[M]. Journal of Management, 37 (2): 468-490.

[265] SCHOTTER A, 1982. The economic theory of social institutions[M]. Cambridge: Cambridge University.

[266] SCHUMPETER J, 1934. The theory of economic development[M]. Cambridge, MA: Harvard University Press.

[267] SEARLE J R, 2005. What is an institution[J]. Journal of Institutional Economics, 1 (1): 1-22.

[268] SHENKAR O, RONEN S, 1987. The cultural context of negotiations: The implications of Chinese interpersonal norms[J]. Journal of Applied Behavioral Science, 23 (2):263-275.

[269] SHEN H T, JIN T T, 2006. Status analysis of Chinese firms CSR disclosure[J]. Accounting and Economy Research, 21(3):84-87.

[270] SHIN H, 1919. Chung-kuo che-hsueh shi ta-kang (An outline of the history of Chinese philosophy)[M]. Shanghai: Commercial Press.

[271] SHLEIGER A, VISHNY R W, 1994. Politicians and firms[J]. The Quarterly Journal of Economics, 109(4): 995-1025.

[272] SMIRCICH L, 1983. Concepts of culture and organizational analysis[J]. Administrative Science Quarterly, 28 (3): 339-358.

[273] SMIRCICH L, STUBBART C, 1985. Strategic management in an enacted world[J]. Academy of Management Review,10 (4):724-736.

[274] SMITH A, 1991[1776]. The Wealth of Nations[M]. Buffalo: Prometheus Books.

[275] SMYTH R, 1997. The township and village enterprise sector as a specific example of regionalism: some general lessons for socialist transformation[J]. Economic Systems, 21 (3): 235-265.

[276] STEWART K, 2006. A treatise on the law of corporations[M]. New Jersey: Law Book Exchange Ltd.

[277] STRAUSS C. QUINN N, 1997. A cognitive theory of cultural meaning[M]. Cam-

bridge, UK: Cambridge University Press.

[278] SUGDEN R, 2007. Collective intentions and team agency[J]. Journal of Philosophy, 104(3):109-137.

[279] SUTTON F X, 1987. The ford foundation: The early years[J]. Daedalus, 116 (1): 41-91.

[280] TENEV S, ZHANG C L, 2002. Corporate governance and enterprise reform in China: Building the institutions of modern markets[M]. Washington DC: The World Bank and the International Finance Corporation (IFC).

[281] TISDELL C A, 1972. Some circumstances in which price stabilization by the wool commission reduces incomes[J]. Australian Journal of Agricultural Economics, Australian Agricultural and Resource Economics Society, 16(02):38-62.

[282] TITOV I, MCDONALD R T, 2008. A joint model of text and aspect ratings for sentiment summarization[C]//Proceedings of the 46th Annual Meeting of the Association for Computational Linguistics. Columbus: OH, 15-20.

[283] TRICE H, BEYER J, 1984. Studying organizational cultures through rites and ceremonials[J]. Academy of Management Review, 9:653-669.

[284] TRICE H, BEYER J, 1985. Using six organizational rites to change cultures[M]// SAXTON R, SERPA R, et al. Gaining control of the corporate culture. SanFrancisco: Jossey-Bass.

[285] TRICE H, BEYER J, 1993. The cultures of work organizations[M]. Englewood Cliffs, NJ: Prentice Hall.

[286] TROMPENAARS F, 1993. Riding the waves of culture[M]. London: Economist Books.

[287] TSUI A S, 2004. Contributing to global management knowledge: A case for high quality indigenous research[J]. Asia Pacific Journal of Management, 21 (4): 491-513.

[288] TSUI A S, WANG H, XIN K, 2006. Organizational culture in China: An analysis of culture dimensions and culture types[J]. China Economy, 2(3):345-376

[289] TSUI A S, NIFADKAR S S, QU A Y, 2007. Cross-national, cross-cultural organizational behavior research: Advances, gaps, and recommendations[J]. Journal of Management, 33 (3): 426-478.

[290] TSANG W K, 1998. Can guanxi be a source of sustained competitive advantage for doing business in China[J]. Academy of Management Executive, 12 (2): 64-73.

[291] TUMASJAN A, STROBEL M, WELPE I, 2010. Ethical leadership evaluations after moral transgression: social distance makes the difference[J]. Journal of Business Ethics, 99(4): 609-622.

[292] TUOMELA R, 1995. The importance of us: A philosophical study of basic social notions[M]. Stanford: Stanford University Press.

[293] TUOMELA R, 2011. Searle's new construction of social reality[J]. Analysis Reviews,71(4): 707-719.

[294] TURNER V, VICTOR W, 1969. The ritual process[M]. Chicago: Aldine.

[295] ULLMANN A, 1985. Data in search of a theory: A critical examination of the relationships among social performance, social disclosure, and economic performance of U. S. firms[J]. Academy of Management Review, 10(3): 540:577.

[296] VAN G A, 1960 [1909]. Rites of passage[M]. Chicago: University of Chicago Press.

[297] VANBERG V J,2004. The Freiburg School: Walter eucken and ordoliberalism[J]. Freiburg Discussion Papers on Constitutional Economics, 4:11-33.

[298] VEBLEN T, 1924. The theory of the leisure class[M]. New York: Kelley.

[299] VERRECCHIA R, 1983. Discretionary disclosure[J]. Journal of Accounting and Economics,5: 179-194.

[300] WALLER D, LANIS R, 2009. Corporate social responsibility (CSR) disclosure of advertising agencies[J]. Journal of Advertising, 38(1): 109-121.

[301] WANK D, 2002. Social connections in China—institutions, culture, and the changing nature of guanxi[M]. Cambridge:Cambridge University Press.

[302] WANNAER E, LILA R G, 1982. Language acquisition, the state of the art[M]. Cambridge: Cambridge University Press.

[303] WARNER M, JOYNT P, 2002. Managing across cultures: issues and perspectives [M]. London: Thomson Learning.

[304] WATTS Z M. 1998. Toward a positive theory of determination of accounting standards [J]. The Accounting Review, 1:60-68.

[305] WEBER S, 1997. Institutions and change[M]//DOYLE M W, IKENBERRY G J (eds.). New Thinking in International Relations Theory. Boulder, CO: Westview Press, 229-265.

[306] WENGER E,1998. Communities of practice: learning, meaning, and identity[M]. Cambridge: Cambridge University Press.

[307] WHETTEN D A, 2009. An examination of the interface between context and theory applied to the study of Chinese organizations[J]. Management and Organization Review, 5(1): 29-55.

[308] WILKINS A, QUICHI W, 1983. Efficient cultures: Exploring the relationship between culture and organizational performance[J]. Administrative Science Quarterly, 28(3): 468-81.

[309] WILLIAMSON O E, 1964. The economics of discretionary behavior: managerial objectives in a theory of the firm[J]. Englewood Cliffs, NJ: Prentice Hall.

[310] WILLIAMSON O E, 1975. Markets and hierarchies: analysis and antitrust implications[M]. New York: Free Press.

[311] WILLIAMSON O E, 1991. Comparative economic organization: The analysis of discrete structural alternatives[J]. Administrative Science Quarterly, 36 (2): 269-296.

[312] WILSON R W, RICHARD W, 1981. Moral behavior in Chinese society[M]. New York: Praeger.

[313] WITT U, 2011. Emergence and functionality of organizational routines: An individualistic approach[J]. Journal of Institutional Economics, 7(2): 157-174.

[314] WRIGHT T, 1988. The spiritual heritage of Chinese capitalism[J]. Australian Journal of Chinese Affairs, 19-20:185-214.

[315] WU M Y, JI W B, 1995. CI and the firm's advertising policies design[M]. Chengdu: Chengdu Science and Technology University.

[316] WU M, HUANG X L, CHEN W, et al, 2012. Interactional justice and trust-in-supervisor as mediators for paternalistic leadership[J]. Management and Organization Review, 8(1): 97-121.

[317] XU G Z, HAN D N, 1994. A conceptual discourse on Chinese corporate culture [M]. Beijing: China Economic Press.

[318] XU H, 1994. A conceptual discourse on Chinese corporate culture[M]. Beijing: China Economic Press.

[319] XU C G, 2011. The fundamental institutions of China's reforms and development [J]. The Journal of Economic Literature, 49(4):1076-1151.

[320] YAN Y X, 1996. The culture of guanxi in a north China Village[J]. The China, 35:22-36.

[321] YANG C F, 2001. Acritical review of the conceptualization of guanxi and renqing [M]// YANG C F, et al. The Interpersonal Relationship, Affection, and Trust of the Chinese: From an Interactional Perspective. Taipei: Yuan Liou Pulishing.

[322] YANG M, MAYFAIR M, 1994. Gifts, favors, and banquets: The Art of Social Relationships in China[M]. Ithaca: Cornell University Press.

[323] YANG T, 2005. China social responsibility accounting research[M]. Beijing: China Financial and Economic Publishing House.

[324] YANG K S, 2000. Monocultural and cross-cultural indigenous approaches: The royal road to the development of a balanced global psychology[J]. Asian Journal of Social Psychology, 3(3): 241-263.

[325] YANG X H, PENG Y Q, LEE Y T, 2008. The Confucian and Mencian philosophy of

benevolent leadership[M]// CHEN C C, LEE Y T, et al. Leadership and Management in China: Philosophies, Theories, and Practices. New York: Cambridge University Press.

[326] YU M, PAN H, 2008. Political connections, institution environment and loans[J]. Management World, 2008:8-23.

[327] YUAN L, 1995. CI and corporate image policy design[M]. Chengdu: Chengdu Science and Technology University.

[328] ZELIN M, 2009. The firm in early Modern China[J]. Journal of Economic Behavior & Organization, 71(3): 23-37.

[329] ZENGER T, LAZZARINI S G, POPPO L, 2002. Informal and formal organization in new institutional economics[J]. The New Institutionalism in Strategic Management (Advances in Strategic Management), 19: 277-305.

[330] ZEGHAL D, AHMED S A, 1990. Comparison of social responsibility disclosure media used by Canadian firms[J]. Accounting, Auditing and Accountability Journal, 3(1):38:53.

[331] ZHANG L, XIAO L J, 2009. Building evaluate index of CSR information disclosure [J]. Modern Economy: 5:69-78.

[332] ZHENG W, YANG B, MCLEAN G N, 2010. Linking organizational culture, structure, strategy, and organizational effectiveness: Mediating role of knowledge management[J]. Journal of Business Research, 63: 763-771.

[333] ZHOU X G, 2012. The road to collective debt in rural China: Bureaucracies, social Institutions, and public goods provision[J]. Modern China, 38(3): 271-307.

[334] ZWEIG D, 2002. Internationalizing China: Domestic interests and global linkages [M]. Ithaca: Cornell University Press.

注释：本书参考的绝大多数文献来源于英文期刊和英文学术著作，其中也包括中国作者的英文论著。为了便于读者查找和阅读，这里列出的参考文献以英文呈现。

名词索引

B

本土研究 1.6

C

场域依赖 3.3.1

E

二元论和分裂法 3.3.2

G

国企改制 4.2.1

J

集体意向性和制度 2.2.2

L

理性选择 1.1.2

礼制 1.3.2

Q

企业 1.3.1

企业家创新和企业文化 3.4.2

区域竞争 4.3.2

R

认知根源 2.3.1

认知资产和惯例 2.3.2

认知 3.2

S

述行理论 2.1

实验主义 4.2.2

社区实践（COP）5.3.1

Y

隐性知识 5.3.2

Z

中国特色的社会主义市场经济 1.2

知识管理 5.2

制度 2.2.1